Conduites à risque

# David Le Breton

# Conduites à risque

## Des jeux de mort au jeu de vivre

QUADRIGE / PUF

## DU MÊME AUTEUR

*Corps et sociétés. Essai d'anthropologie et de sociologie du corps,* Paris, Méridiens-Klincksieck, 1985 (épuisé).

*Anthropologie du corps et modernité,* PUF, 1990 (5e éd., 2001, coll. « Quadrige »).

*Passions du risque,* Métailié, 1991 (3e éd., 2000, coll. « Suite sciences humaines »).

*Des visages. Essai d'anthropologie,* Métailié, 1992.

*La sociologie du corps,* PUF, « Que sais-je ? », 1992 (4e éd. corrigée, 2002).

*La chair à vif. Usages médicaux et mondains du corps humain,* Métailié, 1993.

*La sociologie du risque,* PUF, « Que sais-je ? », 1995 (épuisé).

*Anthropologie de la douleur,* Métailié, 1995.

*Du silence,* Métailié, 1997.

*Les passions ordinaires. Anthropologie des émotions,* Armand Colin, 1998.

*L'adieu au corps,* Métailié, 1999.

*Éloge de la marche,* Métailié, 2000.

*Signes d'identité. Tatouages, piercings et autres marques corporelles,* Métailié, 2002.

SOUS LA DIRECTION DE L'AUTEUR

*L'aventure. La passion des détours,* Autrement, 1995.

*L'adolescence à risque. Le corps à corps avec le monde,* Autrement, 2002.

ISBN 978-2-13-05-538-5
ISSN 0291-0489

Dépôt légal - 1re édition : 2002
Réimpression de la 2e édition : 2007, novembre

6, avenue Reille, 75014 paris

« Chaque fois qu'il va trop loin
c'est qu'il n'est pas allé assez loin. »

Elias Canetti,
*Le territoire de l'homme.*

# Sommaire

# *Introduction : vers une anthropologie des limites*

> « C'est l'état de transgression qui commande le désir, l'exigence d'un monde plus profond, plus riche et prodigieux, l'exigence en un mot d'un monde sacré. »
>
> Georges Bataille, *Lascaux ou la naissance de l'art.*

Les significations du risque foisonnent. La sociologie et l'anthropologie qui s'y intéressent connaissent différentes modulations : étude des dangers recélés par les technologies modernes, leur concentration en certains lieux ; repérage des conséquences de leurs activités sur l'environnement et sur les hommes (pollution, santé, stress, etc.) ; inventaire des ruptures possibles de l'éco-système menaçant des zones d'habitation (inondations, avalanches, tremblements de terre, etc.) ; incidences climatiques induites par les pollutions ; études des risques liées à l'usage d'industrie dangereuse en puissance (OGM, Nucléaire, etc.) ; recension des problèmes de santé publique encourus par les populations à cause de leur mode de vie, de leurs habitudes alimentaires, sexuelles, etc., ou de conséquences inattendues de la productivité industrielle (vache folle, etc.). Ces démarches s'attachent à l'identification des points de vulnérabilité technologique et sociale et elles s'emploient à analyser les comportements, à élaborer des systèmes de prévention, d'information, etc. L'étude de la manière dont les populations concernées se sentent ou non en danger, leur perception propre du risque, est un domaine privilégié de l'abord des sciences sociales (Lupton, 1999 ; Beck, 2001, 1999 ; Peretti-Watel, 2000, 2001).

Une autre sociologie du risque, celle qui nous importe ici, se soucie plutôt de la signification des activités engagées par les individus dans leur vie personnelle ou professionnelle, leurs loisirs, pour aller à la rencontre du risque ou s'en protéger. Depuis la fin des années 1970 les activités à risque connaissent un étonnant succès, de même les entreprises des « nouveaux aventuriers », des sportifs de l' « extrême ». Sur un autre plan, les conduites à risque des jeunes générations se développent et suscitent l'inquiétude.

Une apparente contradiction oppose en effet une société globale préoccupée par la traque du risque, les programmes de prévention, de prise en charge, les opérations de contrôle, les mesures de précautions, etc., et les pratiques individuelles souvent vouées à l'exposition volontaire de soi, sous des formes variées, notamment les activités physiques et sportives, ou à une certaine indifférence comme dans le domaine de l'éducation pour la santé où les campagnes d'information atteignent rarement leurs objectifs initiaux. Cet écart entre le souci politique de réduction des risques d'accidents, de maladie, de catastrophes technologiques ou naturelles, de protection optimale des populations, et la recherche individuelle de sensations fortes, de stress, de loisirs qui ne sont pas de tout repos, marque en profondeur l'ambivalence de nos sociétés occidentales.

La notion de conduite à risque est ici entendue comme un jeu symbolique ou réel avec la mort, une mise en jeu de soi, non pour mourir, bien au contraire, mais qui soulève la possibilité non négligeable de perdre la vie ou de connaître l'altération des capacités physiques ou symboliques de l'individu. Elle témoigne d'un affrontement avec le monde dont l'enjeu n'est pas de mourir mais de vivre plus (Le Breton, 1991). Nous le verrons, les modalités d'entrée dans le risque diffèrent selon les populations concernées. Pour les jeunes générations, les conduites à risque (toxicomanie, fugues, vitesse sur la route, etc.), s'appuient sur une souffrance personnelle aiguë ou diffuse elles sont l'indice d'un manque d'intégration, faute d'un goût de vivre suffisant. Elles sont un dernier sursaut pour se mettre au monde, accoucher de soi dans la souffrance pour accéder enfin à une signification de soi permettant de reprendre sa vie en mains.

À l'inverse, pour les sportifs de l'extrême, il s'agit plutôt d'une quête d'intensité d'être pour retrouver une plénitude d'existence menacée par une vie trop réglée. Le jeu symbolique avec la mort est alors plutôt motivé par un excès d'intégration, il est une manière radicale de fuir la routine. Pour les sportifs de l'extrême, il est d'ailleurs plus juste de parler d'activités physiques ou sportives à risque que de conduites à risque. Dans les deux cas, il s'agit d'interroger symboliquement la mort pour savoir si vivre vaut la peine. L'affrontement au monde a pour objet de fabriquer du sens pour accéder enfin au goût de vivre ou le maintenir. L'épreuve personnelle est un chemin détourné pour retrouver le jeu de vivre. Certes, le jeu avec la mort peut paraître lointain, symbolique, ainsi de la fugue, des troubles alimentaires, de l'alcoolisation..., pour les conduites à risque des jeunes générations ; glisse, escalade... pour les activités physiques et sportives à risque, mais il s'agit de s'arracher à ses repères coutumiers et de se plonger, pour le meilleur ou pour le pire, dans un inconnu qui peut se révéler redoutable.

Ces passions modernes du risque naissent du désarroi moral qui ébranle les sociétés occidentales, du brouillage du présent face à un avenir mal déductible. Dans l'affrontement physique au monde, l'individu cherche ses marques, s'efforce de tenir entre les mains un réel qui lui échappe. Les limites de fait prennent alors la place des limites de sens qui ne parviennent plus à s'instaurer. Le défi que l'on s'inflige teste la valeur de son existence. Paradoxalement, nos sociétés connaissent un climat de sécurité rarement atteint au fil de l'histoire. Mais quand les amers du sens font défaut, l'existence peine à s'établir. Avant de vivre, même en toute quiétude, s'impose la nécessité anthropologique de comprendre pourquoi l'on vit, d'attacher une valeur à sa présence au monde. L'intégration sociale réussie n'aboutit pas toujours à une douce jouissance de ses privilèges. Insatisfait, éprouvant l'inachèvement de son état, l'individu s'oriente vers des loisirs dont il n'ignore pas les périls, et dont il paie parfois dans sa chair la surestimation de ses capacités à les surmonter. L'étude du jeu symbolique avec la mort implique une anthropologie des limites, à la fois au plan de celles données par la loi, et au plan de celles données par le réel, puisque la mort est l'ultime limite.

Cet ouvrage était au départ une volonté de récrire *La sociologie du risque,* paru dans la collection « Que sais-je ? », en 1995 et aujourd'hui épuisé. Mais je me suis pris au jeu au point de reprendre le texte en totalité pour écrire finalement un livre complètement différent. *Conduites à risque* est ainsi devenu peu à peu un volume complémentaire à *Passions du risque,* dont la première édition est de 1991. J'y reprends les mêmes hypothèses autour des rites ordaliques ou des rites personnels de passage. Mais je m'efforce de les aborder autrement, avec de nouvelles références, même si les matrices d'analyse demeurent. Il s'agit donc à mes yeux d'un livre tout à fait inédit sur le sujet, d'un prolongement qui se veut en écho du précédent, tout en étant bien entendu autonome au plan de la lecture.

Cette anthropologie des passions du risque dans le monde contemporain a d'abord été, dans *Passions du risque,* une aventure personnelle rendue possible par la confiance immédiate, et toujours renouvelée de Anne-Marie Métailié et de Pascal Dibie. Sans leur soutien, je n'aurais sans doute jamais eu autant de possibilités de réfléchir à ce thème et de l'approfondir. Puis cette aventure est devenue collective, réunissant notamment, à la faculté des sciences sociales de l'Université Marc-Bloch, sous l'égide de la complicité et de l'amitié, une poignée d'autres chercheurs. Avec Pascal Hintermeyer, Hakima Aït el Cadi, Thierry Goguel d'Allondans (IFCAAD), et au début Claudine Sauter (IFCAAD), nous menons sans relâche depuis 1996 une vaste enquête sur les conduites à risque. Nous avons ainsi recueilli plus de six cent entretiens avec des jeunes de Strasbourg et de sa région, à l'aide des étudiants de sociologie. Je leur exprime à tous ma gratitude, ainsi qu'à Denis Jeffrey (Université Laval, au Québec), autre complice de longue date sur ce thème. Je remercie encore une fois Thierry Goguel d'Allondans pour avoir accepté de relire l'ouvrage et m'avoir permis de l'affiner. Et, comme toujours, dire ma reconnaissance à Hnina qui a lu et relu avec toujours la même inflexible rigueur tous les développements de cette recherche depuis son origine.

# *Statut du risque dans les sociétés contemporaines*

> « La vie s'appauvrit, elle perd en intérêt, dès l'instant où nous ne pouvons pas risquer ce qui en force l'enjeu suprême, c'est-à-dire la vie elle-même. »
>
> Sigmund Freud,
> *Essais de psychanalyse,*
> Payot, 1975, 255.

## L'EXISTENCE PRÉCAIRE

Chez l'homme, l'existence est à la fois assurée et fragile. Ses capacités de résistance, sa sagacité à échapper aux impondérables, sa ténacité à se battre contre l'infortune répondent à la précarité de sa condition. Mais la vie quotidienne est aisément meurtrie par la maladie, la fatigue, l'accident, l'échec, les ennuis professionnels, les séparations affectives, les deuils. Même si, du moins dans nos sociétés occidentales, les conditions personnelles d'existence sont relativement stables et assurées, il n'empêche que l'homme est voué à une part d'incertitude. Chaque jour qui s'avance porte le clair-obscur d'un contenu qui se dévoile avec son lot inégal d'attentes et de surprises. Le chemin parait de prime abord tout tracé, mais l'imprévisible l'emporte parfois sur le probable. Le matin est dans l'ignorance de ce que réserve le soir. La condition sociale de l'homme n'est jamais donnée une fois pour toutes, elle impose un débat permanent avec les autres, avec les choses, au risque d'en être meurtri. Les premières années de la vie sollicitent d'ailleurs un long et patient travail d'apprentissage des parents ou des autres adultes envers l'enfant encore bien ignorant des risques qu'il court dans sa maison ou son voisinage ; il découvre lentement les dangers à travers les douleurs ou les désagréments qu'il s'inflige, mais il exerce ainsi sa prudence en assimilant l'expérience acquise. Par l'éducation reçue, les conseils prodigués et les heurts avec son environnement, il apprend à son corps défendant à maintenir une distance propice et une attention moins distraite envers les aspérités inhérentes à sa condition d'homme. La vie en société exige d'être rompu aux précautions qui empêchent d'être meurtri par les événements extérieurs.

La vie la plus tranquille n'est jamais à l'abri de l'inattendu qui prend la forme de la rencontre, de la maladie, de l'accident ou de l'ennui ; ni du désir irrépressible qui naît d'une image saisie au fil d'un récit ou d'une discussion, ou de l'exquise tyrannie de l'occasion qui arrache à soi même sans laisser à la réflexion le temps de revenir sur sa décision. Elle ne saurait davantage rester indifférente aux attentats, aux épidémies, aux armées qui envahissent le territoire, ou à l'arrivée d'étrangers soulevant inopinément la question de l'au-delà du rivage ou de l'horizon. Ni aux nuages toxiques qui portent sur des milliers de kilomètres leurs germes de mort sans que nul ne le sache encore. L'existence humaine n'est pas ciselée dans la calme évidence de son aboutissement comme un fil tendu au cordeau enjambant les difficultés du terrain ; elle est plutôt sinuosités du chemin, ambivalence des choix. Elle est propre à engager sur des voies que rien ne laissait présager. L'homme n'est pas fait de ces poutres dont on fait les mats, disait en substance Emmanuel Kant. Le risque est inhérent à la condition d'homme. La vie quotidienne multiplie les occasions de péril par choix, distraction, oubli, négligence, méconnaissance du milieu, ou maladresse des autres. À tout moment il importe de s'éloigner ou de se méfier de sources potentielles de dangers physiques.

La prise de risque ne soulève pas seulement l'hypothèse de périr ou d'être physiquement meurtri à cause d'une erreur d'appréciation ou d'un moment d'inattention. Les figures du danger sont innombrables. Elles ne se cantonnent pas seulement dans le domaine physique, elles touchent aussi au sentiment d'identité de l'individu. Sur le plateau, le comédien court le risque d'oublier une réplique, d'être saisi par le trac ou une inextinguible crise de fou rire au moment le plus dramatique de la pièce, ou simplement de faire une mauvaise prestation ; lapsus du journaliste ; fausse note d'un chanteur... Le livre d'un écrivain ou d'un chercheur est un pari sur sa carrière ou la fidélité de ses lecteurs. Nul n'est à l'abri d'une création mineure ou d'une radicale perte de créativité.

Tout acte de création soulève ainsi le péril non négligeable d'être mal reçu ou d'être simplement de piètre qualité et de provoquer le jugement défavorable, le désaveu, la moquerie ou l'indifférence. Il met en danger le sentiment d'identité de l'individu qui s'était engagé en toute bonne foi dans l'action. La prise de risque sollicite aussi la question de l'estime de soi, de la réputation personnelle. Elle met à la merci d'une parole, d'un regard, d'un jugement sans complaisance des autres, voire de leur jalousie ou leur rancœur. Elle expose à l'hypothèse redoutable de perdre la face. L'univers relationnel au sein duquel baigne l'individu n'est pas une donnée acquise, il s'entretient, se conquiert, et parfois se brise après une initiative malheureuse ou mal perçue.

L'individu est pourtant en principe bien protégé. D'innombrables précautions sociales ou personnelles jalonnent la vie quotidienne et limitent la vulnérabilité. Mais nous n'avons qu'une conscience toute relative des conséquences de nos actes. Bien des raisons font oublier toute prudence ou la rendent vaine : la fatigue, l'indifférence, l'insouciance, l'erreur, l'ignorance du danger. Sans l'exercice d'une certaine prudence la vie serait impossible ou brève. Une connaissance intuitive des risques de l'environnement, une vigilance diluée dans les faits et gestes du quotidien permettent de se prémunir. Mais ce tissu de précautions intégrées dans les habitudes de vie s'adosse en permanence à des risques potentiels. Les éléments du confort se retournent parfois en sources du danger et sèment la mort ou les blessures (électrocution, explosion, asphyxie, etc.). Un moment de distraction en traversant la rue, un orage qui transforme la tranquille rivière en fleuve de boue, provoque le drame là où nul n'aurait parié sur l'adversité. Le chauffard ou l'ouragan, l'explosion d'une usine chimique, l'infarctus ou l'agression, l'épidémie, plongent dans une fatalité malaisée à prévoir ou à retourner en sa faveur. L'heureuse rencontre amoureuse d'une nuit peut se transformer quelques mois plus tard en séropositivité. « Dans bien des cas, écrit E. Goffman, une fatalité inévitable se résout de telle sorte que les personnes impliquées demeurent inconscientes des risques qu'elles viennent pourtant de prendre... Quant à la fatalité due aux événements exceptionnels, elle est en grande partie considérée de façon rétrospective : ce n'est qu'après-coup que l'individu redéfinit sa situation passée comme fatale, et c'est alors seulement qu'il mesure la conjoncture qui l'a amené » (Goffman, 1974, p. 140).

Dans notre société d'individus, la liberté est une chance qui confronte à tout instant à la possibilité de se perdre. Tout choix est pari sur l'avenir ; il engage sur une voie propice ou périlleuse et son issue est inconnue. Au départ le calcul est loin d'être au fait de son bien-fondé ; il est prise de risque, au sens où il se prive des avenirs qui se laissaient augurer si d'autres choix avaient été faits.

Au-delà de la lucidité du moment et de la volonté individuelle, les circonstances décident de l'issue d'une action.

L'incident néfaste se révèle parfois une chance insoupçonnée. Seul l'avenir connaît la réponse. Un bel apologue chinois évoqué par Jean Grenier illustre merveilleusement les conséquences imprévisibles d'un événement. Un vieillard vivant seul avec son fils perd un jour son cheval. Ses voisins viennent le soutenir dans sa peine, mais il les arrête : « Comment savez-vous que c'est un malheur ? » En effet, quelques jours plus tard, le cheval revient de lui-même entraînant avec lui plusieurs chevaux sauvages. Ses amis félicitent le vieil homme qui les arrête à nouveau : « Comment savez-vous que c'est une chance ? » En effet, le fils commence à monter ces chevaux et se brise bientôt la jambe. À ses voisins éplorés venus le consoler, il répondit : « Comment savez-vous que c'est de la malchance ? » L'année suivante une guerre éclata à laquelle le fils ne put se rendre étant boiteux (Lie-Tseu).

L'existence individuelle oscille entre vulnérabilité et sécurité, risque et prudence. C'est parce que l'existence n'est jamais donnée par avance dans son déroulement que le goût de vivre l'accompagne de son sel et rappelle à l'homme la saveur de toute chose. La riposte à la précarité relative de l'existence consiste justement dans cet attachement à un monde dont la jouissance lui est mesurée. Seul a de prix ce qui peut être perdu, et la vie d'un homme n'est jamais acquise une fois pour toutes, comme une totalité close et assurée d'elle-même. La sécurité étouffe la découverte d'une existence toujours en partie dérobée et qui ne prend conscience de soi que dans l'échange parfois inattendu avec le monde. Le danger inhérent à la vie consiste sans doute à ne jamais se mettre en jeu, à se fondre dans une routine sans aspérité, sans chercher à inventer, ni dans son rapport au monde ni dans sa relation avec les autres. L'acquiescement face au risque n'exclut d'ailleurs ni le calcul ni la prudence, à l'image des Grecs d'autrefois (Aubenque, 1963). « En effet, écrit Éric Weil, seule la prudence de l'*homo prudens* distingue le courage moral de l'insensibilité, de la bêtise qui court n'importe quel danger parce qu'elle est incapable de le voir... Seul l'homme prudent saura ce qu'est d'être juste dans la situation donnée, d'être véridique, d'être courageux... »[1]

## RISQUE ET SÉCURITÉ AU SEIN DU LIEN SOCIAL

Les mesures sociales et culturelles pour endiguer les menaces de tout ordre susceptibles de briser la vie collective ou d'attenter aux existences individuelles sont les aménagements nécessaires d'une relation au risque, à la précarité, inhérente à la condition humaine. À travers l'espace et le temps, les communautés humaines dressent des formes sociales et culturelles de conjuration des périls. Elles repoussent rituellement la peur avec des incantations, des prières, des cérémonies collectives, des techniques, des modes d'organisation qui confortent le lien social et contiennent l'adversité (Delumeau, 1989). Le risque apparaît comme une donnée anthropologique traversant tous les registres de la condition humaine : de la responsabilité envers les autres à la préservation physique et morale de soi. Au fil de la vie quotidienne, une trame ininterrompue de précautions rappelle le statut précaire de l'homme, sa vulnérabilité aux événements, en même temps que sa capacité à prévenir le danger, à s'assurer une existence stable et heureuse à l'abri des menaces.

Dans les sociétés occidentales, l'organisation sociale et culturelle vise à l'éradication de tout danger susceptible de nuire à ses membres. Des codes de conduites dans la vie quotidienne s'efforcent de dissuader de l'exercice de la violence, le

1. Éric Weil, *Philosophie morale,* Paris, Vrin, 1961, p. 121.

Code de la route veille à harmoniser les relations entre automobilistes, motards, cyclistes ou piétons, en permettant notamment de prévoir les comportements des uns et des autres. Des programmes de prévention (vaccinations, examens obligatoires, campagnes d'information...) sont développés en faveur de la santé publique et individuelle ; les médecins ou les hôpitaux accueillent les malades ou les blessés ; des psychologues ou des psychiatres offrent leurs services si l'individu devient dangereux pour lui-même ou pour les autres ; la police, les pompiers..., protègent les citoyens dans différents registres de la vie collective.

Dans nos sociétés occidentales, les assurances fructifient sur ces fragilités en prenant en charge une série d'impondérables. Elles offrent une parade financière aux vols, aux fluctuations économiques, aux accidents, etc., ou proposent leur assistance juridique en cas de litige. Elles versent une pension si l'individu est dans l'impossibilité de travailler après un accident ou s'il est contraint au chômage. Elles remboursent une partie des dommages après un vol ou un incendie. Elles couvrent les frais médicaux ou prennent en charge le coût financier d'une faute imputée à la responsabilité de l'assuré. Une dépense annuelle minime consacre la part du feu qui protège de l'éventuelle catastrophe d'une perte massive ou même du dénuement en cas de malheur. Les assurances, et souvent même l'État, garantissent en partie l'individu contre le risque de déchoir tout à fait de son statut social ou matériel.

La liste serait interminable, dans la mesure où l'une des fonctions anthropologiques de toute société consiste dans la protection de ses membres et la sécurisation du rapport au monde. Une ligne de défense efficace, invisible quand tout va bien, fait barrage à l'adversité. Si elle est forcée en un point, il reste toujours la possibilité d'en annuler les effets néfastes ou de limiter les dégâts par la mobilisation des secours. Car le risque demeure un horizon indépassable de la condition humaine : la loi n'arrête pas les criminels dans leurs entreprises, le Code de la route est impuissant à enrayer les accidents ; les campagnes sanitaires échouent souvent à convaincre les acteurs de modifier les comportements jugés nuisibles à leur santé ; des dangers ou des nuisances naissent des technologies récentes (pollution, empoisonnement, radiations nucléaires...) ; des maladies inédites bouleversent la culture médicale et les relations des individus entre eux (sida). Les relations sociales se font parfois explosives (émeute urbaine, violence...). L'existence de l'homme implique toujours l'ambivalence, rarement la rationalité ni même le raisonnable.

## LA CONSTRUCTION SOCIALE DU RISQUE

Les craintes ne sont pas les mêmes d'une culture, d'une classe sociale ou d'une époque à l'autre. Ici la peur règne que l'inondation ne détruise la récolte, là que la sécheresse ne la rende impossible ; ailleurs on appréhende la surproduction qui ferait baisser les prix sur le marché en réduisant à néant les efforts fournis. Là des enfants se nourrissent dans les dépôts d'ordures, ici on les vaccine contre la plupart des maladies, et toute nourriture est soigneusement contrôlée avant d'être mise en vente. Ailleurs, la peur s'applique à la « mauvaise mort », à la stérilité, aux attaques sorcellaires, à un contact malencontreux avec un intouchable, etc. Chaque condition sociale ou culturelle, chaque région, chaque communauté humaine assume des fragilités propres et alimente une cartographie particulière de ce qu'elle craint. Le risque est une notion socialement construite, éminemment variable d'un lieu et d'un temps à l'autre.

Sa mise en évidence comme mot d'ordre, ralliement des énergies collectives, date de quelques décennies seulement. Elles est contemporaine de la structuration grandissante de nos sociétés en terme individualiste. Longtemps, si la peur domine (épidémie, incendie, famine, guerre, pillage, craintes de l'au-delà ou de la colère de Dieu, etc.) les sensibilités collectives, nos sociétés déploient des modes de défense empiriques sans se priver du recours au divin à travers les prières, les incantations, les messes, les processions... Toute adversité est intégrée à une perspective religieuse, assignée comme manifestation d'une Providence échappant à l'entendement des hommes, mais poursuivant une obscure raison dont Dieu seul peut rendre compte. Cela ne signifie nullement que les hommes soient passifs face à l'irruption du mal, ils s'en défendent avec leur intuition, s'opposent aux agressions dont ils sont victimes, cherchent à prévenir la famine, à éteindre les incendies, à se protéger lors des épidémies en s'éloignant des foyers de maladie. Mais, en dernière analyse, la signification des catastrophes est imputée à la volonté divine de punir ou d'éprouver les hommes. Le risque majeur est bien ici de perdre pour une raison ou une autre la protection de Dieu et de s'exposer à ses foudres.

La sécurité est une invention récente de nos sociétés. Jean Delumeau en voit les prémisses vers la fin du XV^e^ siècle (Delumeau, 1989, p. 12). Dans la dernière moitié du XVII^e^ siècle, le terme « sécurité », et son équivalent dans les autres langues européennes, acquiert droit de cité, traduisant la cristallisation d'un sentiment nouveau. Mais précisément la religion se nourrissait de l'inquiétude des hommes quant à leur salut et les maintenait dans la vigilance et la crainte. La Réforme protestante et sa contrepartie catholique s'élèvent contre une trompeuse quiétude menant droit à l'omission de Dieu. Luther et Calvin insistent sur la nécessité intérieure du doute, de la peur, pour ancrer le sentiment religieux dans une ferveur sans ambiguïté. La tradition catholique se remémore de son côté les avertissements d'Augustin contre le repos et la sécurité qui éloignent de Dieu.

Au XVI^e^ et au XVII^e^ siècle, les églises ou les temples résonnent de propos appelant à la méfiance envers une sécurité trompeuse rendant l'homme paresseux dans ses devoirs envers son Créateur. Le souci de se protéger de l'adversité, de rassembler ses forces, d'ériger une instance juste et libre pour trancher les différends au-delà des intérêts particuliers pénètre la pensée politique, avec Machiavel, Bodin, et surtout Hobbes qui, dans son *Leviathan* (1651), met la protection collective au cœur de son analyse. Si l'homme est un loup pour l'homme, il convient de trouver des formes politiques susceptibles de le protéger contre lui-même. À la fin du XVIII^e^ siècle, la Déclaration des droits d'indépendance des États-Unis (1776), celle des Droits de l'homme en France (26 août 1789) inscrivent la sécurité des citoyens au cœur de leur manifeste.

Même si la perception religieuse ne disparaît pas tout à fait, une théologie de la catastrophe cède peu à peu à une vision laïque mettant en perspective une série de causalités néfastes potentiellement prévisibles, et donc évitables moyennant certaines précautions. Le tremblement de terre de Lisbonne (1755) qui tue en un instant 100 000 personnes ruine aux yeux des philosophes toute idée de justice divine et précipite une vision laïque de la catastrophe. La philosophie des Lumières invente l'accident. Le risque s'établit à hauteur d'homme dans une relation à un environnement posé comme indifférent aux desseins de Dieu.

L'idée d'un Progrès illimité de la culture au plan moral et technique fait son chemin. Pourtant, si les dangers diffèrent de ceux du Moyen Âge ou de la Renaissance, l'industrialisation draine un nombre considérable d'accidents des hommes et de nuisances pour l'environnement. La seconde moitié du XIX^e^ siècle est particulièrement meurtrière. Mais rares sont ceux qui s'insurgent contre cet état de fait dans un contexte de vie brève (la quarantaine est déjà un âge avancé), surtout pour les milieux populaires dont la mort est souvent bien plus précoce. La résignation face à des conditions sociales d'existence néfastes succède à la résignation religieuse. À la fin du XIXe siècle seulement, les revendications ouvrières mettent en avant la sécurité dans le travail.

## LA FORTUNE SOCIALE D'UNE NOTION

Après la Libération, le souci de sécurité prend nettement de l'ampleur, accompagnant la valeur grandissante conférée à l'individu. La volonté de prévenir certaines maladies émerge dans le contexte d'une médecine plus efficace. La sécurité sociale, en favorisant le recours individuel aux soins, rend plus attentif à l'égard de la santé. Les syndicats deviennent soucieux de la sécurité du travail dans les entreprises. La pollution, les catastrophes naturelles alertent l'opinion. Une série de tragédies industrielles (Minamata, Bhopal, Seveso), la démesure du risque nucléaire, surtout après la prise de conscience née de l'accident de Tchernobyl, incitent les populations à la vigilance. La notion de risque a aujourd'hui supplanté celle de chance ou de destin. L'accident a cédé la place à la fatalité ou aux obscures desseins de la providence (Giddens, 1991). La vulnérabilité de l'homme éclate au grand jour sous de multiples aspects. Le risque tient alors dans la contingence du monde, il s'inscrit dans une trame diffuse ou parfois la responsabilité individuelle se dilue dans un large spectre social, comme l'affaire du sang contaminé l'a montré en France.

Des recherches sur la perception sociale des risques montrent que le sentiment est courant de vivre aujourd'hui dans un monde plus dangereux qu'il ne l'était autrefois (Slovic, 1987 ; Beck, 1999, 2001). Chaque jour de nouvelles alarmes résonnent. « De quoi sont effrayés les Américains ?, écrit Mary Douglas. De peu de choses sans doute, sauf de la nourriture qu'ils mangent, de l'eau qu'ils boivent, de l'air qu'ils respirent, de la terre où ils vivent ou de l'énergie qu'ils utilisent. Dans le délai étonnamment court d'une quinzaine ou d'une vingtaine d'années, la confiance envers le monde physique s'est détériorée. Autrefois source de sécurité, la science et la technologie font l'objet de doute » (Douglas, Wildavsky, 1982, p. 10). Autre constat, parmi de nombreux autres, venant de François Ewald : « Depuis la plus petite imprudence jusqu'au risque nucléaire, en passant par la menace de l'agression, l'insécurité atteint un tel degré d'intensité et de généralité que, par une étrange régression, les hommes des sociétés les plus avancées, libérés des besoins, loin de pouvoir mener une existence enfin humaine, ont maintenant à défendre la vie en tant que telle contre tout ce qui peut la menacer » (Ewald, 1986, p. 16).

La traque obsessionnelle du risque dans nos sociétés s'établit dans un contexte de sécurité relative des différents domaines où s'exerce la peur : environnement, technologie, social, santé. Les résidus des anciennes périls sont devenus intolérables. Dans l'ambiance d'incertitude née de la crise sociale et culturelle amorcée dans les années 1970, le souci de sécurité a pris une dimension politique considérable, se muant même en idéologie sécuritaire. Le risque est une mesure de l'incertitude, il indique les incidences possibles du danger inhérent à une conduite ou une entreprise. Il pointe également l'étendue des menaces pesant sur une collectivité à cause de particularités écologiques, ou de l'implantation d'une industrie polluante ou dangereuse pour le voisinage en cas d'accident ou de défaillance technique. Le glissement de sens du terme « risque », passant de la référence à une probabilité à celle d'une menace ou d'un danger, est le symptôme d'une société hantée par la sécurité et soucieuse d'assurer la prévention des différentes formes d'entraves et de malheurs touchant la condition humaine.

Pour U. Beck, nous sommes désormais dans une « société de risque »[1]. La production de dangers innombrables accompagne le développement économique et industriel. La mondialisation des techniques et de l'économie rend les sociétés inégales au plan des conditions d'existence, mais solidaires en matière de risque[2]. Les dangers liés au monde contemporain frappent en aveugle sans distinction de frontières ou de classes sociales. « La pauvreté est hiérarchique, le smog est démocratique. L'expansion des risques liés à la modernisation – menaces portant sur la nature, la santé, l'alimentation, etc. – s'accompagne d'une relativisation des différences et des barrières sociales » (Beck, 2001, p. 65). Un accident nucléaire, l'explosion d'une usine chimique, un désastre biologique ou écologique ne sélectionnent guère leurs victimes, même si les plus pauvres ou les sociétés dites du Tiers Monde continuent à payer un lourd tribut. La technique et la science, loin d'être des auxiliaires uniquement voués à la sécurité des hommes, inversent clairement leurs incidences, elles sont aujourd'hui porteuses d'une lourde ambivalence. La mondialisation économique s'accompagne d'une mondialisation des risques. Dans un monde où tout est relié, nul refuge n'est plus possible, et la menace peut prendre d'innombrables visages. Les attentats du 11 septembre 2001, à New York, ont renforcé encore le sentiment de fragilité de nos sociétés, leur rappelant

1. Pour un commentaire de U. Beck, nous renvoyons à Giddens (1991, 1994), Lupton (1999), Duclos (1996), Peretti-Watel (2000, 2001).

2. Il n'empêche, bien entendu, que de criantes inégalités demeurent dans l'exposition de nombreux risques et que les plus pauvres sont toujours les plus vulnérables en la matière, en tant que classes sociales ou pays d'implantation des industries les plus polluantes ou les plus dangereuses.

par ailleurs que leur relative prospérité se paie d'abord de l'abandon tragique d'une immense partie du monde.

Des menaces jusqu'alors en apparence éloignées de soi, concernant des populations auxquelles on ne s'identifiait guère, ou des faits dont on récusait la possibilité (Tchernobyl, par exemple) n'épargnent plus personne. Le sentiment d'insécurité dans la vie quotidienne s'alimente des incertitudes et des menaces diffuses de la mondialisation. Le relais des médias enracine la peur en accroissant la connaissance de dangers potentiels touchant l'industrie, les centrales, la santé (sida), la vie sociale. Une délinquance mineure, dont nul ne se sent exempt, diluée dans le quotidien, accentue ce sentiment (Roché, 1993). L'amélioration des conditions d'existence a rendu chacun vulnérable. Quand il n'y avait guère de voitures, on ne risquait pas de se faire voler la sienne ou de la retrouver abîmée par un acte de vandalisme. Le niveau de vie de nos sociétés multiplie les zones de fragilité. La délinquance, sous la forme archétypique générée aujourd'hui par la toxicomanie, devient visible, parfois même spectaculaire en certains lieux. Elle n'est plus associée à une pègre s'attaquant aux banques ou aux grandes fortunes, elle est perçue comme éparse dans la ville, n'épargnant personne (de la bicyclette volée au sac arraché, au portefeuille disparu, etc.).

Les sensibilités collectives sont exacerbées par des événements qui paraissent se confondre au quotidien, même si leurs incidences statistiques sont faibles : mais la contamination par le VIH frappe en puissance toutes les catégories de population à travers les comportements sexuels, la toxicomanie, ou même à cause de soins reçus (transfusions sanguines, transplantations) : aucune classe d'âge, aucune catégorie sociale n'est épargnée. Nul n'est désormais à l'abri d'un attentat ou d'avoir dans son assiette un steak délicieux mais porteur du prion. Longtemps associée au progrès, la technique se révèle souvent meurtrière dans ses accidents (Seveso, Bhopal, Mexico, Los Alfaques, Challenger, etc.). Des catastrophes comme celle de Tchernobyl, anonymes, diffuses, insaisissables, ne se cantonnent pas à leur région d'origine. Leur danger mortel se diffuse au hasard des vents, des courants, des marées, induit un effroi que la lecture des statistiques est impuissante à désarmer. La technique et la science ont perdu leur neutralité, recrutées désormais par des intérêts économiques qui ne sont pas nécessairement ceux des populations et peuvent même se retourner contre elles. L'expertise, elle-même, devient alors souvent complice dans la propagation, puis l'évaluation des risques. D'où ces débats contradictoires entre différents scientifiques dont les lieux d'énonciation de la parole divergent. Le risque anthropologique majeur, c'est-à-dire la désymbolisation du monde, débordant ici le cadre de cette recherche, n'est en revanche guère interrogée (Le Breton, 1990, 1999). Toute perception du risque implique une forte connotation affective et le relais d'un discours social et culturel. La peur est moins liée à l'objectivité du risque qu'aux imaginaires induits.

En quelques décennies, le risque est devenu une référence majeure dans des domaines différents : épidémiologie, santé publique, technologie, environnement, travail social, loisirs (Short, 1984 ; Beck, 1992 ; Peretti-Watel, 2000). Toute une industrie fructifie même sur son analyse. Le risque est une donnée négative, un aléa périlleux dont une rationalité bien appliquée doit désamorcer méticuleusement les périls. Il est une image anticipée de l'imaginaire de la maladie, de la mort, de l'accident, du désastre écologique ou de la catastrophe naturelle. Son identification met en place un pessimisme méthodique afin de prévoir le pire et d'enrayer par avance son irruption éventuelle. Ailleurs, la prise de risque s'impose comme une notion essentielle pour penser la jeunesse, ou pour envisager nombre de conduites propres à la modernité : activités physiques et sportives de l'« extrême », succès des loisirs « à risque » (Lyng, 1991 ; Le Breton, 1991 ; Baudry, 1991). Pour les sensibilités contemporaines, le risque est un mot-valise, un carrefour où se croisent des préoccupations ne laissant personne indifférent tant elles sont inhérentes à la vie de nos sociétés.

## LES BIAIS DE PERCEPTION DU RISQUE

La perception du risque n'est nullement une appréciation objective des dangers, sinon dans l'abstraction des statistiques, mais plutôt la conséquence d'une projection de sens et de valeur sur certains événements, certaines pratiques, certains objets voués à l'expertise diffuse de la communauté ou des spécialistes. Elle n'est pas un décalque dans la conscience de l'individu du péril encouru à persévérer dans telle conduite ou à se lancer dans telle entreprise, elle se mêle toujours à la subjectivité des représentations sociales et culturelles. Les formes de dangers pointées renvoient en profondeur aux modes de vie, aux valeurs collectives, elles reflètent une morale en acte, une vision du monde. La disposition à prendre des risques ou à les refuser, voire à les ignorer tout à fait, ne répond pas au même partage d'une classe et d'une culture à une autre. La mesure « objective » du risque est donc une fiction politique et sociale, elle n'est pas la même selon les critères d'évaluation, elle se nourrit d'un débat permanent entre les différents acteurs sociaux car elle implique des conséquences économiques et sociales parfois considérables. Les risques socialement mis en évidence reçoivent un traitement politique, sanitaire, civique ; d'autres restent dans l'ombre touchant des populations négligées ou sans poids politique. Les efforts fournis pour désamorcer une zone spécifique (environnement, santé publique) ne sont jamais indifférents à la valeur prêtée aux victimes potentielles (Heimer, 1988, p. 501).

Pour l'individu, la perception du risque relève d'un imaginaire, non pas d'un aveuglement ou d'une prétendue irrationalité, mais d'une représentation personnelle. La culture n'est pas une décoration superflue portée sur la réalité des choses, elle est le monde. De même, la représentation du risque n'est pas un fantasme du sujet, mais sa mesure personnelle du danger. Il n'y a pas erreur ou illusion, mais poursuite d'une signification propre[1].

Dans certaines circonstances, le risque est de ne pas prendre de risque. Comme dans le domaine de la création artistique, par exemple. Mais aussi à d'autres moments où le danger physique n'est pas tout à fait exclu. S'agissant d'homosexuels exposés à la contamination par le VIH, Michael Pollak écrit ainsi que « les dispositifs mis en place par les homosexuels pour se protéger de la contamination sont des compromis entre des objectifs, des savoir-faire et des risques concurrents ; entre la santé et les pulsions sexuelles, la capacité de manipuler l'acte sexuel et l'image de soi construite autour de la sexualité, entre le risque de contagion et le risque de solitude » (Pollak, 2000, p. 70). Des intérêts contradictoires s'affrontent au sein même de la population ou de l'individu. Une industrie dangereuse, mais pourvoyeuse d'emplois, impose un compromis délicat avec la peur dans une région. Les habitants vont alors minimiser les risques de contamina-

1. Parfois des incidents traumatiques de l'existence, ou simplement déplaisants, laissent une trace indélébile qui amène l'individu à connaître une forte appréhension dans une activité perçue comme banale pour les autres. L'évaluation subjective du risque reste alors marquée par l'expérience antérieure. L'ancien otage de pirates de l'air est dévoré d'angoisse en reprenant un avion ; hanté par la peur, le pilote automobile n'atteint plus les performances après un accident où il a failli perdre la vie ; le survivant d'un attentat n'arrive plus à reprendre le métro où il a vécu le drame, etc. Des données personnelles majorent le sentiment du risque, et rendent parfois l'individu plus vulnérable du seul fait qu'il se sent lui-même sans défense devant l'adversité.

tion et tenir un discours bien différent de celui de ceux qui vivent ailleurs sans être concernés économiquement par la centrale nucléaire (Zonabend, 1989). L'angoisse du chômage conduit des salariés à s'accrocher à un travail dont ils n'ignorent pas l'effet néfaste sur leur santé, ou les risques d'accident à l'accomplir. Mais se retrouver sans emploi est perçu comme un risque supérieur, dont la crainte se subordonne à d'autres valeurs.

Les formes de défi à l'égard du danger qui caractérisent les milieux populaires dans des métiers ou des postes à risque renvoient à une construction identitaire de la masculinité fondée sur le courage, la force, la résistance, la dextérité, etc. Cette feinte indifférence à la prévention est un mode de résistance à l'aliénation au travail, une manière de garder symboliquement son existence en mains. Elle est sans doute aussi, pour Christophe Dejours, une négation du danger pour pouvoir continuer à mener sa tâche à bien. Elle participe de l'illusion de contrôle. Mais le risque serait plutôt, pour eux, au niveau de l'estime de soi et du regard des autres, de céder à la peur. « C'est ainsi que les ouvriers ajoutent parfois au risque du travail celui de performances personnelles et de véritables concours d'habileté et de bravoure. Dans ces épreuves ils rivalisent entre eux, mais ce faisant, tout se passe comme si c'était eux qui créaient le risque de toutes pièces et non plus le danger qui s'abattait sur eux indépendamment de leur volonté » (Dejours, 1993, p. 89). La fameuse « inconscience » de certains ouvriers est plutôt une parade symbolique pour continuer à travailler malgré la crainte. L'alcool jouant également un rôle à la fois d'affirmation virile de soi mais aussi de soutien à la prise de risque. Entre le risque de l'accident du travail ou celui de la mésestime de soi, le choix ne soulève pas de dilemme.

Le comportement que le médecin souhaite proscrire, au nom d'une évaluation normative de la santé et du comportement, a des bénéfices secondaires essentiels à l'équilibre de vie du sujet : le fait de boire, par exemple, favorise une détente personnelle, ventile l'angoisse ou le stress, accompagne la créativité, permet de se retrouver entre amis, de lutter contre la peur, la solitude, la souffrance. Les propriétés pharmacologiques de l'alcool renforcent son recours. « La modification de l'humeur est ce que l'alcool peut offrir de plus précieux à l'homme, remarque Freud, et ce qui fait que tous les hommes ne renoncent pas avec la même facilité à ce "poison". L'humeur enjouée, d'origine endogène ou toxique, abaisse les forces d'inhibition, la critique en particulier, et rend par là de nouveau abordables des sources de plaisir dont la répression fermait l'accès. Il est fort instructif de noter combien l'exaltation de l'humeur nous rend peu exigeants sur la qualité de l'esprit. C'est que l'humeur supplée à l'esprit... L'alcool fait de l'adulte un véritable enfant qui prend plaisir à se laisser aller au fil de ses pensées, sans souci de contraintes de la logique. »[1] Bien boire insère dans la continuité d'une culture, renvoie à l'enfance et au rapport à la table familiale, au père, aux pairs. Le plaisir qui lui est associé est sans doute plus enraciné dans la santé que la privation qui isole le sujet, le désigne du doigt, le frustre, l'enferme dans la déploration. Si elle éteint le goût de vivre, la privation fragilise le sujet, le rend plus vulnérable à la maladie en le rendant moins attaché à la vie.

L'alcool est un marqueur de liesses collectives pour nombre de communautés humaines. Mary Douglas note que « l'ébriété exprime aussi une culture dans la mesure où elle prend toujours la forme de comportements appris, hautement élaborés, qui varient d'une culture à l'autre : des éléphants roses dans une région, des serpents verts dans une autre. La

1. S. Freud, *Le mot d'esprit et ses rapports avec l'inconscient,* Paris, Gallimard, 1930, p. 145-146.

teneur générale de la perspective anthropologique, c'est que la fête est normale dans la plupart des cultures et que l'alcool est un adjuvant non moins normal de la fête. Boire est essentiellement un acte social accompli dans un contexte social reconnu » (Douglas, 1990, p. 64). La société française valorise le fait de boire, elle en prodigue la jouissance dans mille circonstances festives ou amicales qui accompagnent les rencontres ou les repas, les échanges à la sortie du travail, la sociabilité du voisinage... Un succès, un anniversaire, une naissance, un mariage, une promotion, une retraite... appellent à « fêter ça » autour de quelques bouteilles. Le partage d'un verre est en soi un acte de communication, une confirmation essentielle des uns et des autres autour d'un « totem » commun.

« Le Français, écrit Roland Barthes, qui prendrait quelque distance à l'égard du mythe s'exposerait à des problèmes menus mais précis d'intégration, dont le premier serait justement d'avoir à s'expliquer. Le principe d'universalité joue ici à plein, en ce sens que la société nomme malade, infirme ou vicieux, quiconque ne croit pas au vin : elle ne le comprend pas... »[1] La consommation de vin est un signe d'appartenance, un brevet de bonne tenue arboré par celui dont on dit avec fierté qu'il sait s'amuser, ou qu'il « tient bien la boisson ». Ce que la société conteste, c'est plutôt le mal boire, l'alcoolisation solitaire ou surtout l'ivrognerie qui porte atteinte à la dignité personnelle et à celle des autres, et non l'ivresse, la « bonne cuite », qui elles jouissent d'une réputation favorable et alimentent nombre de propos de table chez les hommes (jamais chez les femmes, qui s'étonnent plutôt qu'on se flatte de tels comportements). La femme est nettement plus en retrait dans la sociabilité liée à l'alcool, il lui arrive couramment de ne pas boire ou de le faire avec modération, ou encore de se conten-

1. Roland Barthes, *Mythologies,* Paris, Seuil, 1957, p. 74.

ter d'eau ou de jus de fruit. Aucune valeur ne s'attache à l'alcoolisation féminine, au contraire. S'il est charmant qu'elle se sente « légère » ou « un peu saoule », si elle allait au terme de l'ivresse, elle serait très négativement perçue. Le rapport au vin, ou plus largement à l'alcool, est un rapport aux valeurs et à l'affectivité. Il est difficile, surtout pour un homme, de s'en détacher, même au prix d'une santé améliorée ou d'un pronostic meilleur de vie, s'il faut pour cela perdre sa place dans la trame sociale familière en ne pouvant plus trinquer avec les amis.

Les comportements qui tissent le rapport au monde d'une communauté sociale forment une trame serrée, où rien ne se retranche sans un effet sur l'ensemble, mais où, parallèlement, l'ensemble concourt à rétablir un élément soustrait. Les manières de vivre, de sentir, ou de penser sont étroitement solidaires, elles dessinent un réseau de sens et de valeurs difficile à désagréger, même autoritairement, comme le montrent les nombreuses résistances culturelles qui s'expriment parfois dans les pays totalitaires. Une étude ethnologique sur les manières de boire dans le port du Havre illustre cet enracinement d'une pratique collective dans le rapport au monde. « Les médecins ne savent pas, ils ne comprennent pas et ne comprendront jamais. Les racines de l'alcoolisme, c'est la non-reconnaissance, le rejet et le mépris. Nous, les pauvres, on n'existe pas, on n'est rien et c'est pour ça qu'on boit, pour être quelque chose en se serrant les coudes » (Castelain, 1987, p. 67). Parole de docker, à laquelle fait écho une autre, émise par Lucien, personnage central de l'étude, docker lui aussi : « On boit pour échapper à l'influence des prêtres, de la famille, des chefs, du milieu, c'est-à-dire pour échapper à l'autorité, être autonome, indépendant, puis pour fuir les malaises de la dépendance à l'alcool. Cependant, arrêter c'est généralement passer sous une autre influence : celle des médecins, d'un groupe d'abstinents, de Dieu ou d'autres fausses croyances » (p. 118). L'alcool apparaît ici comme l'antidote d'une identité défaite, d'un sentiment de déréliction, mais il est aussi l'instrument d'une reprise en main de sa dignité personnelle, et le signe d'une alliance à un groupe chaleureux et égalitaire, d'une fusion avec les autres où s'effacent enfin les aspérités d'une vie difficile. Seul le mal-boire, l'excès, provoque l'indignation : l'ivrogne qui s'alcoolise seul brise la solidarité collective. La consommation d'alcool témoigne d'une longue fidélité à une histoire propre et à une communauté d'appartenance. Nous sommes loin socialement de l'association alcool et risque, mais plutôt dans le consensus autour d'une valeur essentielle. Entre un risque pour la santé et un risque pour l'identité, le choix est souvent en faveur du dernier.

La hiérarchie des risques diffère selon les groupes sociaux. Leur repérage et leur traitement font l'objet de vifs débats, d'opposition de points de vue et de morales. Dans la gestion de l'entreprise, par exemple, les paris économiques des dirigeants sont suivis avec inquiétude par les membres du personnel craignant pour leur emploi. La recherche de sécurité implique parfois de délocaliser les usines ou de fermer un secteur moins rentable en provoquant le licenciement de certains employés. De la même manière, les considérations des syndicats sur la sécurité des conditions de travail diffèrent de celles de la maîtrise ou de la direction. Les représentations du risque se divisent selon l'éloignement ou la proximité de la source de péril et selon sa nature. Des clivages liés aux conditions sociales au sein même des institutions apparaissent ainsi.

## LES PRISES DE RISQUE DÉLIBÉRÉES

L'estimation profane des dangers en matière de santé, d'environnement, ou de pratiques physiques ou sportives, s'oppose fréquemment à l'estimation savante de ces mêmes situations. Le savoir des experts est loin de celui des populations, fondé sur d'autres critères d'appréciation, liés à la vie quotidienne, à leur proximité de l'objet, à leur connaissance du milieu, à l'évaluation plus ou moins juste de leurs aptitudes personnelles. Les uns et les autres ne privilégient pas les mêmes priorités, les mêmes vulnérabilités, ils s'inscrivent rarement dans la même dimension du réel. Le savoir des experts lui-même ne fait guère consensus, comme le montrent de nombreuses affaires. L'estimation des risques nucléaires, par exemple, a fait l'objet de maints débats. Avant Tchernobyl les experts ont longtemps réfuté le moindre danger du nucléaire pour les populations locales et l'environnement.

Ces savoirs différemment enracinés sont dans une permanente rivalité, sans cesse en négociation. Les campagnes de prévention liées à la santé publique s'attachent justement à convaincre les populations de leur méconnaissance des risques « réels » encourus dans la poursuite de tel comportement et à les convaincre de la justesse de l'appréciation savante fondée sur les statistiques. Appuyées sur les données épidémiologiques, n'ayant donc qu'une valeur probabiliste, ces campagnes parient sur une logique d'intérêt fondée sur une vision purement rationnelle de l'homme. Si l'on démontre que telle habitude alimentaire est néfaste pour la santé ou que l'absence de préservatif lors d'un rapport sexuel avec un partenaire inconnu expose à la contamination du VIH, le discours rationnel ne doute pas un seul instant que l'homme ne s'en prémunisse en changeant ses manières d'être. La décision de l'acteur est transformée en équivalent d'une stratégie économique pour le meilleur gain.

Mais la vie réelle se déroule dans une autre dimension, loin de ce genre de calcul ou d'un utilitarisme propre à l'*homo economicus,* qui ne sont que des éléments dans une décision qui implique bien d'autres données, comme la valeur attribuée à une action, le plaisir pris à l'accomplir, la présence des autres à ce moment, l'ambivalence de l'individu, sa recherche de transgression, etc. Le modèle rationnel de l'évaluation du risque est une fiction rassurante, mais loin des événements et des sensibilités collectives. Modèle économique, il souligne davantage un idéal particulier de conduite qu'une attitude permanente et bien enracinée : souci de l'épargne, du calcul, peur du risque, etc. Vision du monde propre à un entrepreneur prudent et mesuré pour qui tout risque résonne comme synonyme de perte ou de menace. L'analyse des prises de risque dans différents domaines d'application montre que tout acteur puise ses raisonnements et ses imaginaires dans des logiques sociales et culturelles fondées sur ses manières de vivre et ses valeurs personnelles.

Dans l'existence réelle, l'affectivité des acteurs est toujours première et se subordonne à une rationalité, toujours modulée, reformulée selon les circonstances. Parfois la nuance d'un « je sais bien, mais quand même », coupe court à toute autre argument. Averti du danger qu'il court, l'acteur persiste dans sa conduite à cause du plaisir qu'il y prend et de son enracinement dans son identité, par son refus qu'on lui dicte ses faits et gestes, ou parce qu'il considère que les autres ne sont pas lui et qu'en ce qui le concerne il ne craint rien. La connaissance des risques peut être une incitation au pire par goût de la transgression, jouissance redoublée par le fait de jouer son existence, de se moquer des conseils et de l'effroi des autres (Le Breton, 1991). Les prostituées connaissent ainsi des clients qui refusent les préservatifs et sont disposés à payer cher pour qu'elles se prêtent au jeu. L'une d'elles, sidéenne, témoigne : « Je vais acheter des préservatifs, mais c'est pour la forme. Les hommes ne veulent pas en mettre. Ils voient bien que je suis malade, mais ça les excite de jouer à la roulette russe. Ils sont fous, car moi, contrairement à d'autres, je ne suis pas du genre "bienvenue au club", je ne me sers pas de mon sida comme d'une arme » (*Libération,* 8 décembre 1993).

Les travaux considérables menés aujourd'hui autour de la « société du risque » : U. Beck (1999, 2001), A. Giddens (1991, 1994), M. Douglas (1992, 1982), P. Peretti-Watel (2000), analysent le risque sous un signe négatif, sous l'égide des dangers liés à la puissance de nos sociétés contemporaines ; ils oublient que le risque, dans certains domaines de l'existence, peut être valorisé par l'individu. De manière tacite, le risque est analysé comme un élément néfaste de l'existence, une menace insidieuse et mauvaise que l'homme se doit de fuir. Source de peur, d'angoisse, de fantasmes, il est posé en repoussoir au sein du lien social. La traque du risque en modifie la signification. Ces analyses laissent en friche le constat que le risque est parfois le fait d'une passion singulière, d'une jouissance qui se mue en mode de vie. Le refoulement collectif de la mort et de la précarité, l'illusion de toute-puissance qui guide nombre de ces démarches confèrent une valeur redoublée au risque dès lors qu'il est choisi en toute connaissance de cause comme un espace de souveraineté. Écarté de la sphère collective comme menace, il en vient à jouir de l'attirance guettant toute action interdite, il appelle la transgression. Malgré une conscience relative du danger qu'il court, l'individu préfère maintenir sa position. Pourquoi le risque est-il parfois délibérément recherché par des acteurs dont la théorie voudrait qu'ils soient à l'inverse plutôt soucieux de leur sécurité ?

Plus nos sociétés se protègent par des procédures sécuritaires et diabolisent le risque, plus ce thème est politiquement porteur, et plus s'accroissent simultanément les tentatives de jouer avec son existence. Paul Thibaud remarque avec lucidité que « le risque est de moins en moins l'effet d'un affrontement direct avec les "impondérables" de la nature, mais tout simplement une marge laissée par la négligence de la technique ou de l'organisation » (*Esprit,* 1965). À celui qui refuse délibérément la tranquillité et la sécurité du dispositif d'encadrement social, il revient de prospecter cette marge inépuisable et d'y apposer la marque de son individualité. Terrain d'aventure, de mise en jeu créative de soi, réserve de jouissance par les sensations ou les émotions qu'elle procure, le contact privilégié avec le monde qu'elle dispense, cette marge autorise l'acteur à affronter ce qu'il nomme ses « limites ». Le goût de flirter avec le danger, même si on le fait avec prudence, émerge sur le fond d'une société crispée sur une volonté de sécurité.

La prudence est associée à des sentiments partagés. Louable, mais jamais réellement valorisée, elle est la qualité de celui qui cherche à rester dans le rang. Elle implique le retrait, l'hésitation à s'engager, la tiédeur, parfois même la pusillanimité. La prise de risque, en revanche, est une notion connotée positivement, des expressions courantes l'affirment : « La chance sourit aux audacieux », « qui ne risque rien n'a rien », etc. Elle n'est cependant pas une mesure de la volonté, une élection personnelle entraînant naturellement le courage. Le sentiment intérieur de force, de résolution face à l'épreuve, se dissout parfois avec une redoutable volatilité. Le fait est bien connu. Il se vérifie même là où le risque est symbolique, comme dans le saut à l'élastique où un petit pourcentage de ceux qui ont pourtant acquitté les droits de se lancer dans le vide y renoncent finalement au moment ultime. Bien des pratiques connaissent ces défaillances de dernière minute chez des acteurs pourtant enthousiastes mais qui, l'heure venue, perdent leur assurance. L'enracinement des conduites humaines ne relève pas seulement du *cogito,* mais aussi de données qui échappent à la conscience réflexive. Le rapport au risque est toujours une épreuve de vérité.

Un ouvrage classique de la littérature américaine, *La conquête du courage (The Red Badge of Courage),* de Stephen Crane, illustre de manière exemplaire ce propos. Le soldat anonyme dont S. Crane décrit le périple s'engage avec fougue parmi les volontaires de l'armée nordiste lors de la guerre de Sécession. Il entend en découdre et rêve d'actions courageuses accomplies au péril de sa vie qui illumineront le reste de son existence. Mais le moment venu, il ne résiste pas à la peur qui l'étreint et il s'enfuit. Rongé de remords et de honte, il retrouve par hasard son régiment resté ignorant de sa fuite dans le chaos de la mêlée. Une autre bataille lui donne l'occasion de restaurer l'estime de soi et de faire montre de courage. « Il sut qu'il ne tremblerait plus au geste de ses guides lui désignant une voie, quelle qu'elle dût être. Il était allé touché du doigt la grande Mort. Désormais, il était un homme : il avait conquis le courage. »[1] La peur ou la fermeté, la capacité ou non d'affronter le danger, qu'il soit choisi ou imposé dans une adversité non voulue, ne sont pas inscrit dans la seule volonté, ni même dans le style coutumier du rapport au monde d'un individu. Certes, la psychologie individuelle est essentielle, mais des circonstances précises en commandent également l'issue.

Le goût du risque n'est pas une disposition permanente de l'individu prêt à entrer dans toutes les situations susceptibles de le mettre en question. Le risque délibérément choisi est plus acceptable que celui imposé par les circonstances. Le familier de la jungle ou du désert, l'alpiniste rompu en premières hivernales ne supportent peut-être pas de vivre à proximité d'une centrale nucléaire ou d'être passagers d'une voiture qu'ils ne conduisent pas. L'individu enclin à aimer le risque dans certaines situations le refuse absolument dans d'autres notamment quand il n'a pas le contrôle de la situation. Cette attraction pour le danger n'est pas une sorte de dérèglement de la protection de soi livrant l'individu aux caprices du monde qui l'entoure. Elle est un choix à la mesure

1. S. Crane, *La conquête du courage,* Paris, Gallimard, « Folio » , p. 220 (trad. franç.).

de ce qu'il estime être ses compétences. Le reste du temps, il est attentif à sa sécurité.

L'adepte régulier d'une activité physique non exempte de dangers, telles l'escalade, la plongée sous marine, la chute libre..., affirme l'innocuité de son engagement dans l'action, sa professionnalité qui lui permet de calculer les risques et de faire face aux impondérables. Ou bien il souligne les dangers d'une autre pratique pour disculper la sienne de tout soupçon. Un cliché affirme que la pratique de l'alpinisme, par exemple, est moins dangereuse que de traverser une rue en ville ou de prendre sa voiture pour se rendre à son travail[1]. Pourtant, il est clair que le piéton ou l'automobiliste n'éprouvent aucun effroi à mener leur tâche à bien, ce qui n'est pas toujours le cas des grimpeurs qui connaissent des moments de doute ou d'appréhension. Lionel Terray écrit curieusement : « Je savais bien que les ascensions présentent des dangers mortels, et plus d'une fois j'avais pu mesurer combien est mince la lisière séparant la vie de la mort. Mais celui qui sur des skis ne craint pas de dévaler les pentes les plus abruptes et d'affronter les plus grandes vitesses ne court-il pas aussi de graves dangers ? Plusieurs de mes camarades ne se sont-ils pas écrasés contre des arbres et des rochers. »[2] Quelques pages plus loin, dans une sorte de dénégation, il écrit sans ciller qu'ayant accompli des centaines d'escalades, il n'est « véritablement passé près de la mort qu'une vingtaine de fois » et malgré plusieurs chutes importantes, il se « félicite de ne porter aucune trace de blessure sérieuse » (p. 91).

Czikszentmihalyi (1975, p. 83) évoque un échantillon de 30 alpinistes dont 21 considèrent que leur activité est sans

1. Même Tenzing, le premier sur l'Everest avec Hillary, le dit : « En se promenant sur une route on peut facilement avoir un accident. Alors, pourquoi aurais-je peur en montagne ? » (J. R. Ullman, *Tenzing de l'Everest,* Paris, Arthaud, 1955, p. 103, trad. franç.).

2. L. Terray, *Les conquérants de l'inutile,* Paris, Gallimard, 1961, p. 86.

danger. En fait, ce sentiment implique une expérience éprouvée de son exercice et de ses réactions propres en situation limite. Nombre de ces pratiques reposent sur des risques soigneusement calculés, sur une solide connaissance du milieu, du matériel utilisé, des capacités des partenaires. Simultanément, la familiarité la plus affinée à ces paramètres ne peut venir à bout de toutes les hypothèses susceptibles d'intervenir au cours de l'action. La jouissance de l'alpinisme implique la prudence, la dénégation du danger et la conviction que les qualités personnelles sont une parade efficace à l'irruption du péril. Mais l'histoire, jalonnée par la mort de nombre de grimpeurs réputés, rappelle que la technicité, le courage, l'intelligence des événements ne suffisent pas à endiguer le pire. Le danger de l'entreprise est soumis en permanence à sa professionnalité, ainsi seulement elle lui procure l'intensité de son exercice, la jubilation d'avoir réussi.

Les psychologues évoquent la notion d'attitude contraphobique mise en évidence par Otto Fenichel (1939) pour expliquer certaines propensions à la prise de risque. D'origine analytique, ce terme renvoie à une manière raffinée de lutter contre l'angoisse en se jetant dans la gueule du loup. Parce qu'une peur le taraude à cause de circonstances particulières de son enfance, le sujet trouve son apaisement provisoire en se livrant pieds et poings liés à la situation qui l'effraie, pour se convaincre qu'il ne risque rien. Toute répétition de la même entreprise le rassure sur sa maîtrise de la situation et sur l'inanité de sa peur (Menninger, 1938 ; Assedo, 1985 ; Reverzy, 2001). « Dans l'attitude contraphobique, écrit Karl Menninger, au lieu d'être évité ou fui, le danger est ardemment cherché, et parfois même produit de toutes pièces. On voit une forme enfantine de cette lutte contre la peur qui consiste à “siffler dans le cimetière”. Ce symptôme a une importance particulière lors de l'adolescence, où la tentative de surmonter la peur par des bravades n'est pas encore contrôlée par le recul d'un jugement sûr, avec le résultat que les lois de la réalité ou de la communauté sont aisément narguées, moins par mépris d'elles-mêmes que par peur d'afficher une lâcheté » (Menninger, 1963, p. 144). En se lançant dans l'action l'individu tente de dominer son angoisse, il convertit sa peur en jubilation au fur et à mesure qu'il progresse dans le sentiment de réussir.

Dénégation du danger par affrontement du péril, volonté d'un corps à corps avec l'épreuve, la jouissance éprouvée alors dans le feu de l'action est à la mesure de l'angoisse antérieure. Une fois surmontée, la situation provoque la dissipation de la peur et le bonheur provisoire de la maîtrise. Le renouvellement de la même démonstration qui s'impose au fil des jours n'épuise pas la satisfaction ressentie, non sans risque pour le sujet qu'un jour sa recherche ne tourne à son désavantage.

## LES FORMES INDIRECTES DE SUICIDE NE SONT PAS DES CONDUITES À RISQUE

Le suicide témoigne d'une volonté délibérée de se tuer sous une forme immédiate ou différée, la mort est espérée sans équivoque de l'acte entrepris. Mais d'autres conduites se trament dans l'ambiguïté, la mort est approchée de manière ambivalente, oblique, sans hâte, diluée dans le temps, et l'individu n'a pas conscience des menaces qui pèsent sur lui, il ne souhaite ni l'accident ni la mort. Il se tient sur le fil du rasoir, ne pense pas à mourir, mais il s'expose néanmoins de manière dangereuse, effrayant un entourage plus lucide. Le risque encouru est celui de la mort ou d'une atteinte à l'intégrité personnelle. L'alcoolisme, la toxicomanie, la conduite dangereuse en voiture ou en moto, la négligence de mesures thérapeutiques en cas de maladie grave, ou l'absence de précautions lors de relations sexuelles avec une personne inconnue, l'indifférence aux consignes de sécurité dans une pratique sportive ou professionnelle non dénuée de périls, ce sont là des exemples parmi d'autres de conduites répétitives mettant en jeu l'existence, inscrites parfois dans un style de rapport au monde.

Le suicidant est en principe en pleine crise personnelle et il souhaite ardemment disparaître, ne plus avoir à supporter le poids de son mal de vivre. La souffrance de celui qui expose régulièrement sa vie à dose homéopathique est moins assignable à une situation concrète qu'à un malaise diffus, étale dans l'existence. Ces comportements surgissent parfois de manière sporadique en réaction à un événement particulier qui frustre ou meurtrit l'individu, accuse encore son impuissance à prendre sa vie en mains. Litman prend l'exemple d'un homme qui conduit dangereusement sa voiture pendant des heures après chaque conflit avec sa femme. La vitesse lui permet de reprendre le contrôle émotionnel d'une situation qui lui échappe (Litman, *in* Farberow, 1980, p. 30). D'autres acteurs en pleine crise personnelle cherchent querelle à des inconnus, se saoulent, oublient les consignes les plus élémentaires de prudence pour dissiper la violence d'une émotion qui les déborde. Ces comportements-limites peuvent être également ancrés dans la personnalité niant un sentiment de vulnérabilité et de dépression. Ils sont alors rarement isolés et s'apparentent plutôt à un mode particulier de lutte contre des tensions internes renvoyant à une organisation psychologique de type contraphobique.

Ces conduites indirectement autodestructrices (Farberow, 1980) sont une manière de faire face à l'adversité ou à la souffrance. Litman évoque le résultat d'une enquête montrant que « la grande majorité des accidents impliquant une seule voiture arrivent tard le soir ou tôt le matin, affectent des conducteurs rentrant chez eux sous l'empire de l'alcool après avoir passé leur temps à boire dans des bars ou des fêtes ». L'enquête constate également que gagner tard son domicile après une soirée copieusement arrosée est chez eux une conduite habituelle. Ces conducteurs n'ignorent pas les risques encourus à prendre leur voiture dans leur état, mais ils déclarent ne pas pouvoir changer leur mode d'existence (Tabaschnik *et al.*,1973). Sans s'y attarder, Durkheim n'a pas négligé ces « sortes de suicides embryonnaires » entraînant des « risques mortels » dont l'individu se doute « sans que la perspective de ces risques ne l'arrête... Toutes la différence, c'est que les chances de mort sont moindres » (Durkheim, 1930, p. 9).

## LA PLURALITÉ DU RISQUE

La distinction s'impose entre les risques inhérents à certaines activités traditionnelles, conséquences indirectes d'un engagement envers le monde dicté par l'exercice d'un métier ou d'une responsabilité particulière envers le groupe, et les risques choisis, assumés, posés comme une fin en soi, source de frémissements. Les risques pris par les adeptes des activités physiques et sportives, les « nouveaux aventuriers » ou les adolescents ne sont en rien comparables à ceux qui ponctuent le déroulement d'un métier difficile (pompiers, policiers, militaires, sauveteurs en mer ou en montagne...). Pour le montagnard, le marin ou le pêcheur de perles, le risque n'implique en rien un affrontement désiré aux limites. Parfois le danger est invisible et redoutable, dilué dans le temps, comme pour nombre de maladies plus ou moins reconnues comme « professionnelles » : telle la silicose du mineur[1]. Menace journalière, il est craint à cause de son cortège de douleurs, la mort ou la ruine qu'il sème sur son passage. Son évitement est matière de culture, de savoir-faire transmis par la coutume, de compétences propres à le neutraliser ou à forger une capacité à faire face. Les dangers dus à l'exercice d'un métier ou d'une pratique font l'objet d'un apprentissage. La peur initiale est dissipée par les techniques ou les coopérations mises en œuvre. Un usage approprié du corps rend moins fragile. L'expérience acquise, l'intégration graduelle des technicités minimisent les menaces ou les circonscrivent en des points particuliers où s'exercent la vigilance. Les premières semaines du marin ou du policier, du pompier ou du militaire sur le champ de bataille ne sont pas les plus rassurantes, mais peu à peu les compétences se développent et rendent plus ferme devant l'imprévu[1]. Longtemps les métiers associés à des risques ont conféré une absence de considération sociale à leurs membres. De nombreux accidents du travail montrent à cet égard le prix différent de la vie et du risque selon les circonstances et les milieux sociaux. On connaît les revendications des syndicats à ce propos, notamment pour ce qui concerne les métiers du bâtiments ou de l'industrie. Seul le risque librement choisi est valeur. Il vaut pour l'attraction qu'il suscite, l'exaltation à l'affronter sur un terrain désiré.

1. Le risque est également une mesure de sa responsabilité envers les autres. L'aiguilleur qui se trompe et fait dérailler un train ; le chirurgien qui évalue mal son geste et mutile son malade ; le chauffeur routier qui roule sans précaution ou le médecin qui néglige le danger d'un symptôme présenté par l'un de ses patients ; l'homme politique prenant une décision néfaste pour la santé publique ou l'économie d'un pays ; les concepteurs d'une centrale nucléaire négligents sur certains aspects touchant à la sécurité des ouvriers ou des environs, etc. Je n'aborderai pas ces questions qui débordent le cadre de cet ouvrage.

# *Les conduites à risque des jeunes*

« N'oublie pas que tu es le noyau d'une rupture. »
Edmond Jabès.

## PASSAGE À L'ÂGE D'HOMME[1]

Jamais le sentiment de sécurité, la marge d'action des individus, les possibilités personnelles d'épanouissement n'ont connu une telle latitude. Jamais non plus on n'a autant parlé de la jeunesse, on ne l'a autant sollicitée, à telle enseigne que la référence se mue en idéologie, en mot d'ordre, en modèle de révérence. Une étude de l'INSERM (1994) montre que 70,5 % des jeunes interrogés se sentent bien dans leur famille et vivent de manière « agréable, détendue » (*Le Monde,* 26 mai 1994). Pour une majorité de jeunes, le goût de vivre et l'intégration sociale ne soulèvent guère de soucis, mais une frange non négligeable s'identifie mal aux rôles qu'on lui prépare, connaît déjà son destin d'exclusion ou souffre du mal de

1. Nombre de conduites à risque que nous examinons longuement à propos des jeunes générations ne sont pas cantonnées dans cette classe d'âge, elles touchent aussi des individus plus âgés. Toxicomanie, délinquance, tentatives de suicide ou suicides, troubles alimentaires, adhésion à une secte, errance, etc., englobent également leurs aînés, mais les jeunes générations en paient le prix le plus lourd en termes d'incidence et de population. Pour l'équilibre de l'ouvrage nous nous centrerons donc sur elles.

vivre. 22 % d'entre eux se disent en effet désespérés[1]. Depuis une vingtaine d'années, l'émergence de conduites nouvelles liées aux prises de risque, à l'exposition de soi à l'adversité, modifie sensiblement la sociologie de la jeunesse (Bell, Bell, 1993 ; Tursz, Sulleyrand, Salmi, 1993 ; Dubet, 1987 ; Fize, 1994 ; Le Breton, 1991, 2002). Certes, la jeunesse n'est pas une, elle est multiple à l'image de la population adulte. Il n'y a pas d'archétype en ce domaine mais surtout des jeunes marqués par leur appartenance sexuelle, de classe, leur lieu de vie, leur origine, celle de leurs parents, leur histoire personnelle, la situation relationnelle dans laquelle ils se situent. Aucun jeune ne ressemble à un autre, mais pourtant, dans les circonstances sociales qui sont les nôtres aujourd'hui nombre de traits les réunissent.

Dans nos sociétés contemporaines, l'adolescence est un moment de suspension où les anciens repères de sécurité disparaissent tandis que les nouveaux ne sont pas encore instaurés. Elle est d'abord une effraction dans l'enfance, la brutale expulsion d'un monde rassurant qui s'éloigne à la manière d'un paradis perdu, ce temps encore sans équivoque où les parents avaient réponse à tout, où la famille (ou le groupe de pairs) semblait le cœur éternel de la vie. Pour une part, le désarroi adolescent se conjugue à un deuil plus ou moins durable de l'enfance. Une existence nouvelle se pressent, aux formes encore indécises, attendue avec un mélange d'impatience et d'anxiété. Ce passage entre deux mondes est un moment de dépouillement des valeurs enfantines et d'approche progressive des ritualités et des valeurs « adultes ». Dans nos sociétés occidentales, l'adolescence est un temps de

1. Dans l'enquête de l'INSERM dirigée par M. Choquet, S. Ledoux, C. Hassler, C. Paré (1998) sur un échantillon de jeunes pris en charge par la Protection Judiciaire de la Jeunesse, ce sont 33 % des garçons et 56 % des filles qui se sentent désespérés en pensant à l'avenir.

rupture, de métamorphose, de désarroi, le moment d'une entrée délicate dans un âge d'homme ou de femme dont les contours sont loin encore de s'annoncer avec précision.

La relation à soi est marquée soudain du sceau de l'étrangeté et du doute ; la difficulté à élaborer le monde qui vient, à commencer par son propre corps dont les bouleversements le troublent, suscite un sentiment de menace. Le jeune est souvent dans la peur de ne pas être « normal », de déroger aux attentes des autres, de ne pas être à la hauteur. Cette zone de turbulence qui accompagne la sexualisation de l'adolescent est difficile à vivre, elle soulève les grandes questions anthropologiques sur l'identité, le sens de la vie, etc. La quête malaisée de ses propres désirs, qui ne sont plus nécessairement ceux des parents, amène parfois le désinvestissement d'activités autrefois appréciées. L'école fait problème. Le jeune affronte un débat douloureux avec les autres et avec le monde pour accéder à sa propre nécessité, accoucher enfin de lui-même dans ce moment délicat d'entrée dans la vie. « Je me vois en instance de vie », dit un jeune de 16 ans, « comme une naissance progressive, pas envie de bouger. Ca va trop vite et c'est trop long. Je ne suis bien nulle part, je fuis, je suis en instance, mais en instance de quoi ? ». L'avenir ne fait plus d'emblée sens. Il appelle la lutte et la peur.

La jeunesse occidentale est un temps de marge, une période de tâtonnement propice à l'expérimentation des rôles, à l'exploration de l'environnement, à la recherche des limites entre soi et les autres, soi et le monde ; elle est une quête intime de sens et de valeurs. Les fondations d'une identité sexuelle s'établissent et transforment la tonalité des relations aux autres. La distribution tacite des droits et des devoirs se modifie. La crise de l'adolescence marque traditionnellement le contraste entre les potentialités et les désirs du jeune et le chemin plus étroit que la société lui propose de parcourir. L'entrée dans la vie est un moment d'épreuve et de renoncement au cours duquel le jeune forge son avancée délicate vers l'âge d'homme malgré la sinuosité du chemin. La notion de « crise » rapportée à l'adolescence traduit essentiellement le contraste entre les aspirations du jeune et les possibilités de réalisation offertes par la société où il vit. Lors de l'adolescence se réalise la symbolisation du fait d'exister et l'entrée active, au titre de partenaire à part entière, dans une société où il est possible d'éprouver en soi le goût de vivre.

Au moment de l'adolescence, le jeune et ses parents renoncent à des rôles périmés, même s'ils avaient l'avantage d'être sécurisants. L'espace affectif du groupe familial est alors en plein remaniement, non sans résistances éventuelles de part et d'autre. La situation génère conflits, anxiété, dépression, etc. Le jeune gagne en autonomie. Il affronte la crainte relative du lendemain et ses parents font le deuil de l'enfant dont ils ont longtemps organisé l'existence. Si les transformations physiques de la puberté se réalisent dans un contexte relationnel où le jeune se sent seul, sans interlocuteur, s'il se sent mal aimé, insignifiant, il risque de vivre douloureusement cette expérience. Les jalons de sens que dispensent une famille où il se sent inclus, la présence affective des autres à son côté lui permettent d'apprivoiser ce moment difficile de métamorphose corporelle et d'annonce de nouvelles responsabilités qu'il appréhende, certes, mais sans excès d'inquiétude.

Plus que jamais, les parents doivent exercer une fonction de contenance, de limites, c'est-à-dire octroyer au jeune le sentiment de la valeur de son existence et de leur présence ferme et aimante à ses côtés. Mais la synthèse des différentes possibilités personnelles est malaisée si le jeune ne dispose pas à son entour d'interlocuteurs fiables et légitimes à ses yeux, lui permettant de jalonner le temps de manière désirable et surtout de trouver auprès d'eux l'assurance qui lui fait défaut à certains moments. Le manque d'étayage le force à se débattre physiquement contre le monde dans une recherche de limites pour pouvoir enfin se situer, prendre ses marques, savoir qui il est. La confusion l'emporte alors, la seule jouissance de l'instant prime sans projection de soi dans la durée. Pour échapper aux affects puissants qui le taraudent, il se jette contre le monde dans une quête de contenant ou, à l'inverse, il s'isole dans une tentative d'échapper au vide.

Les frontières des générations s'effacent ou se renversent. La fonction d'autorité déserte nos sociétés. La tâche des aînés est d'aider les jeunes à se construire, ne serait-ce qu'à rappeler une limite qui leur permette de se poser en s'opposant. D'où la révolte contre le père ; d'où la fonction œdipienne qui permettait au jeune d'entrer dans un rapport physique et structurant au monde. Cette fonction est aujourd'hui défaillante à plus d'un titre. Les aînés s'efforcent de se donner une image « jeune » qui bouleverse également les rapports de génération et prive les jeunes de repères durables et forts dans leur rapport aux autres et au monde. Les parents veulent devenir les copains de leurs enfants, et non plus leurs parents avec la responsabilité que cela implique, notamment celle de poser des limites à leur toute-puissance, de les inscrire à l'intérieur du lien social. Aujourd'hui, à l'inverse, bien des pères ou des mères prennent leurs enfants pour modèles, les empêchant de pouvoir s'identifier à eux.

Ce brouillage des repères de générations rend plus difficile l'élaboration de leur identité propre. Les nouvelles technologies sont investies avec engouement par les jeunes, au contraire d'une relative indifférence des aînés ; elles leur procurent le sentiment d'en savoir bien davantage. Les prodiges de l'informatique sont étonnamment précoces. Le « jeunisme » est cette promotion mercantile et démagogique de la jeunesse qui s'impose néanmoins comme une donnée de l'ambiance culturelle de nos sociétés contemporaines. Elle se paie de la souffrance diffuse de jeunes qui ne savent plus vers qui se tourner, qui n'ont plus d'autorité suffisante autour d'eux pour pouvoir se construire. L'opposition leur manque pour découvrir que le lien social est fait d'innombrables limites, mais que celles-ci sont aussi l'exercice d'une souveraineté personnelle, qu'elles permettent d'exister à l'intérieur du monde : on ne peut pas être tout, on ne peut pas vivre tout, on ne peut se constituer que dans un cadre symbolique, un cadre de valeurs.

Aujourd'hui, en effet, la difficulté du passage vers l'âge d'homme est accentuée par une surenchère de l'indécis sur le probable, qui empêche de se projeter dans un avenir prévisible et heureux. Nul ne sait plus très bien où il va, la société tend à se muer en un système de compétition généralisé, il est courant de parler de « recyclage » permanent ou d'expliquer que désormais il sera nécessaire pour chaque salarié de changer plusieurs fois de travail au cours de son existence. Les frontières du licite et de l'illicite, celles donc des « limites » (de sens) se désagrègent. Elles sont vécues souvent plutôt comme obstacles à l'épanouissement personnel. Seul importe de savoir si l'on peut sans dommage les transgresser. L'impossible est la forme contemporaine et dégradée de l'interdit. La loi est entrave plus que régulation des passions collectives. L'idéologie porteuse de la technique : ce qui est possible doit être expérimenté, s'impose alors comme un mot d'ordre dans la vie quotidienne. L'essentiel étant de s'en sortir au mieux. Tous les moyens sont bons à condition de ne pas se faire prendre ou de tirer son épingle du jeu. Les changements technologiques et les « impératifs » économiques induisent la réalité d'un monde plus impalpable, plus menaçant pour ceux qui ne souhaitent pas se « battre » sans cesse pour promouvoir leur droit à l'existence. L'école elle-même est désemparée. L'information supplée l'impossible formation, un savoir mais non plus un savoir-être. Aiguisé par l'indétermination réelle du monde environnant et l'incapacité pour le groupe familial de faire office de contenant *(containing),* le désarroi adolescent se prolonge et se mue plus profondément en une crise de la jeunesse.

L'éclatement actuel des systèmes symboliques, leur précarité quand ils se reconstruisent, rendent difficile la transmission aux jeunes générations des repères susceptibles de fonder culturellement et socialement le sentiment personnel de leur valeur propre d'individus. Le passage propice et incontestable vers l'âge d'homme n'est pas octroyé d'emblée par la naissance et le fait de grandir. Nul rituel ou nulle évidence sociale ne viennent garantir au jeune à ce moment de son histoire individuelle que son existence a une signification et une valeur. Sa liberté est entière, n'étant plus bornée par des impératifs sociaux rigoureux ; nous ne sommes plus une société d'héritiers. Les chemins d'existence ne sont plus tout tracés, aucun lendemain qui chante n'est plus promis par une quelconque idéologie. L'initiative revient au jeune, il est libre pour une part d'agir à sa guise puisqu'il n'est plus soumis à une tradition, à une autorité. Il lui incombe de trouver par lui-même une source de sens susceptible d'irriguer sa vie. La jeunesse est alors virtuellement un temps de découverte et de liberté, d'expérimentation de soi, de formation personnelle où tout est possible. Les seules autorités sont celles que le jeune se choisit, nul ne vient lui dicter sa conduite de manière autoritaire. Mais, parallèlement, la chance est mesurée par la nécessité intérieure de disposer de la boussole qui oriente le chemin et le rend moins âpre. La soif d'autonomie est entravée par les doutes qui traversent le jeune quant à ses capacités à en assumer la responsabilité. Tenaillé entre cette exigence de se suffire à soi-même et la crainte de se trouver sans appui, il hésite sur la conduite à tenir, souffre de son indécision. La liberté est une valeur pour celui qui possède les moyens symboliques de son usage et sait affronter les obstacles dispersés sur son chemin ; pour un autre elle génère la peur.

À ce manque de lignes directrices de nos sociétés s'ajoutent le relâchement des liens familiaux, leur éclatement géographique, les fratries réduites, la précarité croissante de la relation matrimoniale. La famille nucléaire est la voie majeure de socialisation des jeunes et, en tant que premier contenant, elle n'est pas toujours suffisamment solide, dans ce contexte de crise du lien social, pour fonctionner comme régulatrice de l'entrée progressive dans la vie. Les pathologies de l'adolescence montrent souvent des familles dissociées ou conflictuelles, plus passives que réellement actrices de leurs conditions d'existence et qui échouent à jalonner la marche du jeune vers une autonomie raisonnable tenant compte de ses capacités et de ses désirs. Ces familles en difficultés manquent à leur fonction sociologique d'ouvrir l'enfant au monde qui les entoure et à leur fonction anthropologique de susciter le goût de vivre. L'indifférence ou le sentiment d'être dépassé ressenti par les familles, la liberté parfois sans limite qu'elles laissent à leurs enfants sont des attitudes nocives en ce qu'elles n'autorisent aucun espace d'échange, aucune donnée de sens. Nombre de mineurs impliqués dans des faits divers sont totalement livrés à eux-mêmes dans la vie courante. La mésentente, la séparation, le divorce, les violences à l'intérieur des familles fragilisent l'enfant dans ses ressources de négociation avec les autres et l'empêchent de trouver sa place entre soi et les autres. Confronté à une absence de limites, le jeune est saisi dans une fuite en avant que seul arrête parfois le heurt brutal avec le monde.

En outre, la prise d'autonomie du jeune, le moment où il est dans une quête intense de signification et de valeurs, est contemporaine de la « crise de la moitié de la vie » du couple ou des adultes de référence, c'est-à-dire de ce moment de bilan, de remaniement fréquents des investissements affectifs et sociaux. Le groupe familial est alors dans une phase de turbulence accrue par le fait que pour la première fois les parents n'ont plus de réponses aux questions anxieuses de leur enfant au seuil de l'âge d'homme. On a évoqué à cet égard la démission des parents, la perte de communication au moment de l'adolescence, sans comprendre la nature de ce contraste entre les références existentielles des parents et celles de la modernité avec lesquelles justement l'adolescent est confronté. Le désarroi des parents tient dans la difficulté de trouver prise sur un monde en perpétuel changement dont ils ne comprennent plus tout à fait les règles du jeu. Parents et enfants vivent dans des univers de sens profondément différents. Vingt ans d'écart est aujourd'hui considérable en termes d'expériences personnelles. Certes, cet écart n'est pas une fatalité, il peut à l'inverse être source d'échanges, de confrontations, de débats intenses. Mais de nombreux parents désorientés ne savent plus comment y faire face.

De manière assez convergente, les conduites à risque montrent des adolescents ou des jeunes dont les familles sont recomposées ou monoparentales et dont la figure paternelle est absente ou inconsistante (ou dont ils sont mal aimés). L'enquête de l'INSERM de 1998 sur les adolescents (14-21 ans) pris en charge par la Protection Judiciaire de la Jeunesse (Choquet *et al.,* 1998) montre que sur cette population 47 % des garçons et 62 % des filles sont issus de familles dissociées (par divorce ou décès, 26 % des garçons et 40 % des filles ont un père inactif, 43 % des garçons et 69 % des filles portent un jugement négatif sur leur vie de famille. L'enquête *Baromètre santé jeunes, 1997-1998* (Arènes, Janvrin, Baudier, 1999) menée en France sur un vaste échantillon montre que la qualité de vie des jeunes est généralement favorable s'ils vivent avec leurs parents de naissance (ou adoptifs), mais qu'elle décroît s'agissant de familles monoparentales ou recomposées. Il n'en reste pas moins, en effet, que même dans certaines familles l'enfant n'est pas perçu comme sujet à part entière, reconnu à la fois dans sa proximité et son altérité, mais plutôt comme objet, figé dans une représentation mentale qui ne le laisse pas s'assurer de sa différence et de sa valeur propre. La défaillance de la fonction paternelle est alors courante. Le père ou son tenant-lieu peut être au mieux un bon copain, s'il n'est tout à fait absent, mais il est incapable de se positionner en aîné et en éducateur. En contrepoint, si la mère exerce un amour envahissant, elle impose à son insu à l'enfant des épreuves personnelles comme l'anorexie, l'acte suicidaire ou la fugue, pour rompre le cordon ombilical symbolique et accéder à sa propre existence.

Le jeune est parfois dans une volonté obsessionnelle d'être identifié comme « existant » et donc de créer auprès de ceux qui lui tiennent à cœur, ses parents surtout, un déplacement des routines familiales pour provoquer une reconnaissance de soi qui ne doive plus rien aux pesanteurs affectives. La provocation de l'entourage par la déprime, la violence, le repli sur soi ou les conduites à risque, au-delà de la souffrance que traduisent ces comportements, sont des manières de tester l'amour des autres. Ils sont le détour douloureux pour s'assurer de la valeur de son existence aux yeux des autres. Le jeune « voudrait idéalement que ses parents soient là, sans être là » (Pommereau, 1997, p. 56). Le *containing* familial ou amical est mis à mal dans cette soif de réassurance.

L'adolescence est une période de multiplication des risques, ceux inhérents aux choix des études, aux premières relations amoureuses, etc., mais elle est surtout un temps d'affrontement avec le monde dans une volonté d'éprouver son corps, de sentir ses limites, de toucher au plus près son existence, d'expérimenter enfin son indépendance au regard de ses parents. « Un des caractères de la clinique à cet âge est en effet l'attrait du négatif, écrit Philippe Jeammet, que l'on peut voir comme un travail de réappropriation de son destin par l'adolescent face à la pesanteur de ce qui est imposé et avant tout par rapport à ses propres besoins de dépendance affective dont les contraintes liées au corps peuvent être le représentant privilégié. Au “je n'ai pas demandé à naître”, répond en écho “je peux choisir de mourir” » (Jeammet, *in* A. Tursz, *et al.*, 1993, p. 47).

Le jeune est simultanément en quête d’indépendance et de réassurance à l’égard des autres ; cherchant à la fois leur tutelle et l’autonomie, il expérimente pour le meilleur et pour le pire son statut de sujet, sa singularité personnelle, joue avec les interdits sociaux, teste sa place au sein d’un monde où il ne se reconnaît pas encore tout à fait. Il inscrit son expérience dans l’ambiguïté, ou plutôt dans l’ambivalence, il est insaisissable pour les autres mais aussi pour lui-même. La confrontation à soi et aux autres est une mise à l’épreuve dans la quête de soi. La question des limites symboliques dans la relation aux autres et au monde est fondamentale pour le jeune, d’autant plus s’il en a manqué dans son enfance, car celles-ci lui permettent de se situer en tant que partenaire actif au sein du lien social, dans la mutualité des relations. Il sait alors ce qu’il peut attendre des autres et ce que les autres peuvent attendre de lui. Il témoigne alors d’une réflexivité, c’est-à-dire d’une analyse des situations ou des systèmes d’attente où il s’insère. Sa reconnaissance des autres est une garantie de la reconnaissance des autres à son égard. Il éprouve alors le sentiment de sa nécessité personnelle, de la valeur et du sens de sa vie. Porté par ce sentiment de sécurité ontologique, de confiance envers le monde, soutenu par le goût de vivre, il est préservé de devoir mettre en jeu son existence pour savoir si la vie vaut ou non la peine d’être vécue.

## JEUX DE MORT, JEUX DE VIE

Les raisons de mettre en danger sa vie pour pouvoir exister sont nombreuses et mêlées, seule l’histoire personnelle du jeune est susceptible d’éclairer le sens de son passage à l’acte, alors qu’un autre, vivant une situation proche semble s’en satisfaire ou entre dans des conduites différentes. Les conduites à risque ont leur origine dans l'abandon, l'indifférence familiale, mais aussi à l'inverse dans la surprotection, notamment maternelle. La disqualification de l'autorité paternelle revient couramment. Parfois c'est la violence ou les abus sexuels, la mésentente du couple parental, l'hostilité d'un beau-père ou d'une belle-mère dans une famille recomposée. C'est toujours le manque d'orientation pour exister, le sentiment d'absence de limite à cause d'interdits parentaux jamais donnés ou insuffisamment étayés. Le flou insécurisant de la relation avec le monde, l'impression d'être étouffé ou dans le vide projettent dans les mêmes conduites de sollicitations symboliques de la mort, dans une quête de limites pour exister.

Ce qu'il ne trouve plus chez lui, la certitude intérieure que sa vie a un prix et qu'il a sa place dans le monde, le jeune le cherche ailleurs de manière décousue et dans un corps à corps avec le réel. Les conduites à risque s'enracinent dans un sentiment confus de manque à être, de souffrance diffuse. L'intention n'est nullement de mourir, mais de tester une détermination personnelle, de chercher une intensité d'être, un partage avec les autres, un moment de souveraineté, de traduire aussi un cri, un malaise, tout cela mêlé dans une quête qui ne trouve souvent sa signification que dans l'après-coup de l'événement. Au-delà des conduites à risque cataloguées comme telles dans le domaine de la santé publique, 15,1 % des jeunes déclarent avoir fait quelque chose, selon eux, de risqué, par plaisir ou par défi, lors des douze derniers mois. Les garçons étant deux fois plus nombreux que les filles (Arènes *et al.*, 1999)[1]. Les conduites à risque sont le revers d'un jeu avec l'idée de mort. En manipulant l'hypothèse de sa mort volontaire, le jeune aiguise le sentiment de sa liberté, il brave la peur

1. Sauf mention particulière, les statistiques citées ultérieurement proviennent de cette enquête.

en allant au-devant d'elle, en se convainquant qu'il possède à tout moment une porte de sortie si l'insoutenable s'imposait à lui. La mort entre ainsi dans le domaine de sa puissance propre et cesse d'être une force de destruction qui le dépasse. Ce jeu avec l'idée de mort est une source de plaisir ambigu, elle n'est jamais loin de la restauration narcissique (Haim, 1969, p. 204 sq.). À cette période de la vie, le corps est le champ de bataille de l'identité.

L'expression « conduites à risque », appliquée aux jeunes générations, s'impose de plus en plus pour désigner une série de conduites disparates dont le trait commun consiste dans l'exposition de soi à une probabilité non négligeable de se blesser ou de mourir, de léser son avenir personnel ou de mettre sa santé en péril. Les conduites à risque des jeunes ne se réduisent pas à un jeu symbolique avec l'éventualité de mourir ou de se heurter violemment au monde, elles sont aussi parfois dans la discrétion, le silence, mais elles mettent en danger les potentialités du jeune, elles altèrent en profondeur ses possibilités d'intégration sociale, son amour de la vie, et elles culminent parfois, comme dans l'adhésion à une secte, en une démission identitaire. Empruntant des formes variées, elles relèvent de l'intention, mais aussi de motivations inconscientes. Certaines, longuement délibérées, inscrites dans la durée, s'instaurent en mode de vie, d'autres marquent un passage à l'acte ou une tentative unique liée aux circonstances.

Les conduites à risque sont aussi des manières ambivalentes de lancer un appel aux plus proches, à ceux qui comptent. Elles forment une manière ultime de fabriquer du sens et de la valeur. Témoignant de la résistance active du jeune et de ses tentatives de se remettre au monde, elles s'opposent au risque bien plus incisif de la dépression ou de l'effondrement radical du sens. En dépit des souffrances qu'elles entraînent, elles possèdent donc un versant malgré tout positif : elles favorisent la prise d'autonomie du jeune, la recherche de ses marques ;

elles ouvrent parfois à une meilleure image de soi ; elles sont un moyen de se construire une identité. Elles n'en sont pas moins douloureuses dans leurs conséquences, à travers les dépendances, les blessures ou les morts qu'elles entraînent. Mais n'oublions pas, de toute façon, que la souffrance est en amont, perpétuée par une conjonction complexe entre une société, une structure familiale, une histoire de vie. Paradoxalement, pour certains jeunes, le risque est davantage qu'ils restent emmurés dans leur mal de vivre, avec peut-être un jour une issue radicale. Les turbulences provoquées par les conduites à risque illustrent une volonté de se défaire de la souffrance, de se débattre pour accéder enfin à soi.

Elles se distinguent absolument de la volonté de mourir, elles ne sont pas des formes maladroites de suicide, mais des détours symboliques pour s'assurer de la valeur de son existence, rejeter au plus loin la peur de son insignifiance personnelle. Ce sont des rites intimes de fabrication du sens (Le Breton, 1991). Les épreuves que les jeunes s'infligent avec une lucidité inégale sont des ritualisations sauvages d'un passage douloureux, ce sont des moments « transitionnels », ou plutôt leur corps lui-même est un objet transitionnel projeté durement dans le monde pour continuer un cheminement lourd de désarroi[1]. Les conduites à risque des jeunes générations telles qu'elles sont définies par les institutions de santé publique relèvent de la souffrance et de la déliaison sociale, elles sont des tentatives de symboliser leur place au sein du collectif, de se remettre au monde. Chacun, par un chemin détourné et périlleux, est ainsi en quête d'une légitimité personnelle. Les conduites à risque sont des actions développées par le jeune,

1. Voir, à ce propos, notre analyse du recours aux marques corporelles (tatouages, *piercings,* scarifications, *peeling, cutting, branding,* etc.) comme manière de ritualiser un passage difficile (cf. David Le Breton, *Signes d'identité. Tatouages, piercings et autres marques corporelles,* Paris, Métailié, 2002).

seul ou avec d'autres, mettant son existence en danger physique ou moral. Malgré les efforts de la société pour les prévenir, elles tendent à se multiplier.

## SUR LE DEGRÉ DE CONSCIENCE DU RISQUE

La perception du danger est le fait d'un apprentissage. En se heurtant au monde et en assimilant l'éducation reçue, l'enfant peu à peu apprend à mieux se mouvoir dans sa vie personnelle et à se forger des modes de défense efficaces contre les dangers environnants. Les accidents domestiques sont fréquents chez l'enfant animé d'une passion à explorer son milieu sans réelle connaissance des dangers qu'il encourt (empoisonnement, feu, explosion, noyade, accidents de la rue...). De surcroît, dans sa relation au monde l'enfant ne jouit pas de l'équipement perceptif de l'adulte. Avant 10 ou 12 ans il dispose d'un champ visuel limité (70° contre 180° chez l'adulte en moyenne). Il voit surtout devant lui, négligeant les côtés, surtout attentif à l'activité qu'il poursuit. Il apprécie mal les distances et la vitesse des voitures ou des deux roues, et il est difficilement sensible à plusieurs stimuli à la fois.

En ce sens, l'enfant de moins de 10 ans est vulnérable à l'accident par défaut de perception avant que l'éducation et la maturation ne lui permettent de mieux se situer dans son environnement et de mieux se protéger. Ensuite, il entre dans un âge où le jeu avec le risque est valorisant aux yeux des autres, ou devient un enjeu identitaire dans la lente constitution de son rapport au monde. La jeunesse est associée à la bravoure, à l'idéalisme, et il n'est sans doute pas anodin que, là où il existe encore, le service militaire soit justement fixé à un âge où les acteurs témoignent d'une vision abstraite de la mort, manquant de la distance nécessaire pour évaluer en toute connaissance de cause les risques encourus. En outre, un engagement social encore limité rend moins soucieux de préserver une existence peu enracinée dans une vie familiale et professionnelle.

Les jeunes ne possèdent pas de la mort la vision fatale et irréversible qui est celle de leurs aînés. Chacun d'eux a tendance à se sentir « spécial », différent des autres, hors de la loi commune. Encore vague à leurs yeux, la mort ne saurait les atteindre. Parallèlement, ils la testent, jouent avec elle comme avec une partenaire dangereuse, mais susceptible d'apporter l'estime de soi à qui l'affronte les yeux ouverts. Paradoxalement, cette inflation de soi s'appuie également sur la nécessité intérieure de montrer aux autres une aptitude à réagir sans avoir froid aux yeux. La crainte de perdre la face ou l'impératif de vouloir toujours leur démontrer une habileté particulière est une source majeure d'exposition aux risques. Le narcissisme adolescent engendre un sentiment paradoxal d'invulnérabilité et de fragilité. D. Elkin (1967) nomme « fable personnelle » cette image particulière de soi, courante au moment de l'adolescence, qui amène le jeune à mettre son existence en danger dans la conviction qu'il est à la hauteur et que les faiblesses des autres ne le concernent pas. Ce sentiment est propice à se lancer dans des actions potentiellement dommageables. Le jeu avec le risque alimente la confiance en ses ressources propres, alors que la vie quotidienne provoque la conscience souvent aiguë d'un manque de prise sur la réalité. Le souci de sécurité, la pesée des décisions et des actes, la recherche des informations sont des attitudes plus rares chez les jeunes que chez leurs aînés. Davantage sollicités par la gratification des pairs ou la restauration narcissique en voulant se prouver qu'ils « peuvent le faire », la conscience du danger leur échappe souvent, ou elle est supplantée par la volonté d'affirmation de soi.

Nombre de conduites perçues comme risquées par les jeunes relèvent davantage de transgressions minimales : prendre un bus sans payer, conduire sans permis, narguer la police ou risquer de se faire prendre par elle, voler au supermarché ou mentir aux parents, imiter leur signature pour les papiers demandés par le lycée, fumer dans sa chambre, etc. Appartenant plutôt à des *conduites d'essai* et ne se répétant pas nécessairement, elles manifestent une exploration, en principe ludique, du monde courant. Ces comportements, s'ils ont parfois des conséquences non négligeables ne témoignent pas encore de la radicalité des conduites à risque, ce sont des tentatives de prises d'autonomie à l'égard des parents, une recherche de sensations, une manière courante pour les jeunes de tester leur marge de manœuvre dans la société.

Les conduites à risque ne puisent pas toutes dans l'excès, elles tiennent parfois de l'abstention de certaines précautions pour un état de santé chancelant. La non-observance thérapeutique se rencontre parfois chez l'adolescent, notamment dans la prise de médicaments pour stabiliser une greffe ou dans les maladies chroniques comme le diabète ou l'asthme. Le jeune peine à supporter l'aliénation à la maladie, la dépendance aux médecins qui commandent sa conduite. Il pense que son existence lui échappe. Et ce frôlement de la mort ou le jaillissement du symptôme lui rappelle sa souveraineté personnelle. Il éprouve son existence comme lui appartenant à nouveau puisqu'il sait pouvoir devenir le maître d'heure de sa mort et pouvoir rompre ainsi à tout instant l'insupportable dépendance.

Elles renvoient aussi à des motivations inconscientes quand l'écrasement du sens vécu par le jeune, le sentiment que sa vie est nulle, qu'il n'a plus rien à attendre des autres, etc., se résout dans un agir qui décharge la tension. La mise en acte remplace l'impossible mise en mots. La difficulté de penser l'événement provoque la mise en avant du corps. Les psychanalystes parlent alors de *passage à l'acte*. Le jeune a eu un mauvais résultat scolaire dans une matière qu'il avait bien préparée, il vient d'apprendre que sa copine s'est laissée approcher par un autre, ou que ses parents vont finalement se séparer. Il réagit par une conduite immédiate qui ressemble à un cri : il se jette par la fenêtre, avale les médicaments de l'armoire à pharmacie familiale, fugue de la maison familiale, entre soudain dans une violence inattendue, boit avec des amis avant de reprendre sa voiture et de conduire à toute allure sur les routes, etc. « Je ne sais pas ce qui m'a pris, c'est venu d'un seul coup. J'en avais marre », dit une adolescente de 16 ans après avoir avalé des médicaments parce qu'elle avait « entendu que ça marchait et que ça fait pas mal ». La conscience du danger est présente, mais elle est mêlée à la volonté de ne plus être là.

La conscience du risque encouru peut être diffuse chez celui qui met sa vie en danger. Les conduites à risque naissent alors du sentiment de ne pas être saisi par la même contingence que les autres, d'être indestructible. Elles mobilisent un narcissisme permettant de se reconstruire. Ainsi conduire sa moto ou sa Mobylette en se faufilant entre les voitures, franchir un feu au rouge ou négliger les stops, rouler à vive allure sur des routes de campagne ou à la ville pour afficher une dextérité que dément justement cet impératif de démontrer sans cesse qu'on est à la hauteur, courses ou défis avec des amis dans les rues de la cité avec des voitures volées, provoquer la police, brûler une voiture, prendre des drogues illicites, etc., toutes ces conduites relèvent davantage d'une affirmation personnelle de dextérité, d'un sentiment de toute-puissance ordinaire chez un jeune qui ne considère pas la mort ou l'accident comme le concernant. Le souci de se préserver ne touche guère les adolescents, convaincus de disposer d'inépuisables ressources de vitalité et de santé.

Ce sont parfois des jeux avec le danger où la conscience de la mort donne du piment à l'entreprise, même si ceux qui s'y lancent se pensent à la hauteur et sont convaincus de s'en sortir avec élégance et courage. Il s'agit alors d'un défi exécuté le plus souvent sous le regard des autres, provoquant un moment d'intensité d'être et générant ensuite le sentiment de sa valeur, de son courage[1]. Quelques exemples : en avril 2000, près de Strasbourg, après un pari avec ses amis qui le regardent d'un pont, et pour imiter un autre qui l'a fait la veille, un jeune de 15 ans traverse en courant une autoroute. Il est renversé par les voitures et sérieusement blessé. Le jeu du foulard consiste à venir au plus proche de l'étouffement pour vivre un moment intense de séisme sensoriel avant de revenir à soi ou d'être réanimé par les amis ou à l'hôpital. Ou bien il s'agit de traverser une rue les yeux fermés, de s'élancer au dernier moment devant une voiture en essayant de passer *in extremis,* de voir qui sera le dernier à se glisser sous une porte de garage automatique, de grimper sur un toit ou sur un arbre, etc. La négligence délibérée des consignes de sécurité dans les ateliers de formation pour épater les autres est courante. Conduites dangereuses en VTT, en bicyclette, ou en Mobylette, en *skate* ou en *roller,* etc., l'influence du groupe de pairs est souvent décelable dans les défis que les jeunes se lancent ou dans l'estime de soi qu'il s'agit de gagner. La fréquence des accidents est plus grande en fin d'après-midi, au retour de l'école ou après une journée de jeu. La fin de la semaine compte à elle seule près de 40 % des accidents corporels (Assaily, 1992, p. 23).

1. La notion de risque est bien entendu culturelle et subjective. Le défi emprunte donc parfois des formes particulières. Pour une adolescente musulmane, s'aventurer sur une décharge publique sachant qu'il s'agit là d'un monde hanté par les djinns est une conduite à risque susceptible de procurer ensuite un sentiment de force : « Les gens ne lui font plus peur puisqu'elle a réussi à défier les djinns » (Aït el Cadi, 2000, p. 86).

## INFLUENCE DU GROUPE

L'influence du groupe sur la décision de prendre un risque a fait l'objet de nombreuses études contradictoires, la plupart se déroulant dans l'espace clos et aseptisé des laboratoires de psychologie cognitive et non dans le plein vent des événements, loin des émotions et des retombées concrètes de leur choix sur les individus. Des recherches montrent la tendance des groupes à se conformer à une sorte de moyenne des décisions, neutralisant ainsi les positions marginales. À l'inverse, les travaux méthodiques menés notamment par Kogan et Wallach (1967) soulignent plutôt la propension à majorer la prise de risque, à inciter ses membres à aller au-delà de leur première décision. La dynamique des groupes a un effet de renchérissement des positions personnelles à cause de la valorisation du risque dans nos sociétés, et du fait d'être entre pairs et de craindre une image de pusillanimité. La dilution des responsabilités et l'impression de sécurité, notamment lors des actions de masse qui dissolvent le surmoi, poussent l'individu à des actes qu'il n'aurait jamais osé accomplir seul. L'observation des conduites adolescentes à risque va dans le même sens, la présence du groupe de pairs incline le jeune à aller au-delà de ses appréhensions pour affirmer son identité aux yeux des autres.

Cohen parle d'« hédonisme de l'instant ». Des jeunes se regroupent de manière informelle autour d'un même lieu de ralliement, « ils flânent, ils chahutent, bavardent et attendent que quelque chose se passe » (Cohen, 1955, p. 30). Le groupe accompagne les premières expériences en matière d'alcool, de drogue, l'une et l'autre de ces substances étant perçues comme facilitant le contact, voire même pour l'ecstasy la symbiose avec l'environnement, l'effacement de soi dans la fête.

L'appartenance à un groupe de pairs consommateurs de drogue, d'alcool, ou voués à des formes occasionnelles de délinquance, favorise le passage à l'acte chez ceux qui s'étaient auparavant abstenus. Dans la conduite automobile, et notamment le fait de prendre le volant après un moment d'alcoolisation ou sous l'empire du cannabis, ou celui de rouler vite, la présence des autres est un facteur aggravant. On sait, par exemple, que les jeunes conduisant seuls sont sensiblement moins victimes d'accidents de la route. La simple présence d'un pair à ses côtés suffit à mettre le conducteur en représentation. À son insu, il entend montrer qu'il est à la hauteur ou qu'il ne s'en laisse pas compter par le Code de la route.

L'entrée dans un certain nombre de conduites à risque (toxicomanie, délinquance, etc.) est souvent liée à la puissance d'attraction d'un groupe de pairs qui les valorise et dissipe les derniers doutes en leur conférant une légitimité bien supérieure à celle de la société (ou de sa propre famille). Elle participe d'un moment intense, de la présence des autres ou de l'impossibilité de renoncer sans perdre leur estime. « On est tous pareils dans la bande. C'est quand on est en bande qu'on se la joue. Mais quand on est seul, on commence à se calmer. En fait on a envie de frimer, de se montrer », dit Brahim (16 ans).

## PASSIONS DU VERTIGE

Le vertige, le saut dans le vide, est une constante des conduites à risque des jeunes. La thématique du vide hante nos sociétés. Les psychothérapeutes d'aujourd'hui expliquent également combien les troubles du narcissisme dominent leur clientèle : sentiment d'insignifiance, de vide, de ne pas exister dans le regard des autres... Le chemin n'est plus jalonné de significations et de valeurs ; en d'autres termes, le sol se dérobe sous les pas. D'où ce sentiment de vertige, de chute, de perte de tout contenant.

Or, la poursuite du vertige est aussi le fil conducteur d'une série d'activités physiques et sportives qui connaissent un net engouement social depuis les années 1980. Dans ses formes ludiques (glisse...), la mise en danger de soi est minime, contrôlée en principe par la technicité acquise, l'aptitude à évaluer les dangers. Mais dans sa frange la plus radicale, c'est-à-dire celle des conduites à risque des jeunes, la fascination du vertige est un jeu avec l'existence dont l'intensité se paie parfois par la chute, l'accident, la collision ou l'overdose. L'aspect potentiellement mortifère de la recherche n'est pas tout à fait ignoré : s' « éclater », c'est aussi exploser, voler en éclat, déchirer son enveloppe. Et dans l'alcoolisation ou le recours à des drogues telle que l'ecstasy, le terme revient de manière lancinante. Recherche de griserie, de vertige, d'oubli de soi dans des formes plus ou moins contrôlées de transe. La vitesse sur la route provoque ce même fantasme de toute-puissance. Le sentiment du vertige, du saut dans le vide, imprègne aussi la psychologie du fugueur, décroché un moment de la sécurité de ses anciens repères et livré au hasard de la route dans une sorte de chute vers l'horizon ; on le retrouve dans la délinquance ou dans les émeutes urbaines où la transgression engendre simultanément la jubilation de l'affrontement, une intensité d'être. De même ces actions ponctuelles comme de conduire sa moto ou sa Mobylette sans s'arrêter à aucun stop, aucun feu rouge, dans une quête de sensations fortes.

Le jeune est dans une relation de maîtrise provisoire avec le vide qui met sa vie en porte-à-faux. À ce moment où il se tient sur le fil du rasoir, il éprouve malgré tout le sentiment de prendre enfin possession de la meilleure version de soi. Ces activités de vertige transposent en effet, sur une autre scène, l'indétermination sociale et culturelle, le brouillage des références, mais elles en absorbent les effets destructeurs au niveau individuel. Elles conjuguent vertige et contrôle, relâchement et toute-puissance. Elles favorisent la reprise en main d'une existence instable. Elles dressent les conditions d'une homéopathie du vertige : on combat le sentiment du vide en se jetant dans le vide. Mais l'accident, s'il fait irruption sur la scène rappelle que ce bref moment se paie d'un jeu serré avec le risque de mort. Ainsi l'alcool, les toxiques, les drogues donnent un instant à l'individu le sentiment de s'appartenir, de conjurer enfin la confusion logée au cœur de la vie. Le réveil brutal ou les lendemains pénibles et nauséeux sont la rançon du rêve.

*L'anorexie* est un jeu exemplaire avec le vertige. C'est une lutte farouche contre la faim dont l'adolescente (les filles y sont nettement plus enclines que les garçons) refuse qu'elle lui dicte sa conduite. L'appétit est une affectivité en acte. Le sentiment de faim est un écran de projection où se mesure l'appétit à vivre. Si les troubles alimentaires sont une altération du goût de vivre, ils sont aussi un refus du lien qui est au principe de la relation mère-enfant : la nourriture. L'anorexique tente de se détacher de toutes références au corps de sa mère. Elle entend exercer un contrôle absolu sur son corps perçu comme menaçant dans ses changements physiologiques ou morphologiques liés à la phase pubertaire : le développement des seins, les règles, l'augmentation de la taille et du poids, épreuve prochaine de la relation sexuelle, etc. Elle s'arc-boute sur le refus de devenir la femme qui fait irruption dans son corps. Elle échappe à la sexualisation en effaçant toute trace de féminité : elle est maigre, ses seins disparaissent, elle n'a plus ses règles, elle rêve de demeurer asexuée. Elle glisse dans une sorte de transparence en essayant de toutes ses forces d'échapper à son corps. « M'étant débarrassée de la chair et de la menstruation indésirables, j'étais devenue pure et propre, et, par voie de conséquence, supérieure à ceux qui m'entouraient », écrit Sheila MacLeod (1982, p. 97).

Il s'agit de refuser des processus physiologiques et d'établir une souveraineté personnelle sur des nécessités biologiques qui s'imposent aux autres. À travers un régime alimentaire infiniment réduit, pouvant l'amener à la mort, elle contient sa faim comme elle contient sa vie. Elle s'inflige en outre une multitude d'épreuves physiques qui renchérissent sur ce fantasme de maîtrise. Elle est à la fois dans le vertige de son manque à être et de sa faim, et simultanément dans un sentiment de tenir enfin son destin en main. En contrôlant son corps, elle essaie de reprendre le contrôle de son existence. Chaque fois qu'elle repousse sa faim, qu'elle dédaigne une prise de nourriture, elle marque une victoire sur elle-même et se fortifie dans sa lutte. Elle s'en valorise d'autant plus, paradoxalement, qu'elle voit en permanence les efforts désespérés de ses proches ou des médecins pour essayer de la nourrir, et qu'à elle seule elle les tient en échec. Le contrôle sur soi implique non seulement la tension de refus face à la faim, mais aussi le fait de se faire vomir, d'user de laxatifs ou de diurétiques pour accroître encore l'emprise. La multiplication des exercices physiques : courir, nager, marcher, se dépenser, etc., resserre encore d'un cran cette volonté de ne rien laisser au hasard du biologique. La quête de limites est poussée à son point culminant. Le corps est une frontière rigide opposée à l'incertitude du monde. Cette lutte farouche pour contenir son corps retentit sur l'ensemble du groupe familial, les amis. La maîtrise du corps s'étend à celle de l'entourage. Pour la première fois, elle se sent exister par elle-même. L'anorexie est une discipline d'existence, un ascétisme de chaque instant[1], un combat sans répit contre soi et contre les autres.

L'anorexique est décrite par son entourage familial

1. D'où sa proximité avec des formes de mysticisme religieux ; cf. Raimbault, Eliacheff (1989) ou encore Rudolph M. Bell, *L'anorexie sainte. Jeûne et mysticisme du Moyen Âge à nos jours,* Paris, PUF, 1994.

comme une enfant modèle, précoce en de multiples domaines. Elle est hantée par la perfection, mais le réel lui donne un cinglant démenti et la confronte à l'incertitude de l'avenir. Elle a peur de ne pas être reconnue, de ne pas être à la hauteur des attentes des autres à son égard, elle trouve dans la maîtrise radicale de son corps, et notamment de sa faim et de son poids, un abcès de fixation de ses difficultés identitaires. « Je ne veux pas être une femme parce que je veux être moi-même, dit encore Sheila Macleod. Affirmation illogique, mais je réfutais la logique en devenant anorexique (...) Plus les contours de mon corps se précisaient, plus je sentais émerger mon vrai Moi, comme le nu du sculpteur surgit, peu à peu ciselé, d'un bloc de pierre informe » (Id., p. 97). L'anorexique cherche à se différencier de sa mère, d'abord, de la femme ensuite, pour accéder à un monde qui ne soit plus celui du besoin et au sein duquel elle puisse être reconnue pour elle-même. La mère colle à la peau par son amour dévorant, privant sa fille de son aventure personnelle. Le cordon ombilical symbolique demeure pour la mère qui continue à faire de sa fille sa créature, sa « chose », en l'empêchant à son insu de naître enfin à elle-même. « Par son refus persistant, l'anorexique manifeste son exigence de la preuve d'un désir chez sa mère » (Raimbault, Eliacheff, 1989, p. 115). Quant au père, il est absent, sans épaisseur pour rompre cet accaparement.

Si la mort est parfois au bout du chemin, il ne s'agit nullement d'une volonté de mourir, l'anorexique est dans une dénégation de la gravité de son état, elle ne cesse de se dire en pleine forme. Elle refuse les soins et s'insurge contre les médecins ou les thérapeutes qui veulent l'amener à modifier son attitude envers le monde. Elle s'interroge sur les finalités de son existence et soulève la question de son identité de femme avec une acuité pouvant l'amener à la mort. Elle est dans une quête désespérée qui l'amène à la traversée de la souffrance pour accoucher de soi. Mais un certain nombre d'entre elles, environ 10 %, meurent au fil de cette lutte farouche contre soi. Comme les autres conduites à risque, l'anorexie est une stratégie inconsciente pour exister en dépit des circonstances. Elle est même revendiquée par de nombreux sites Internet comme une philosophie d'existence, un art de vivre, la quête d'un corps parfait, hors sexe. Elle érotise la privation, mêle la proximité de la mort à une jouissance du corps en le prenant à revers de ses exigences. Elle contrôle sans compromis le vertige du manque à être. Chez les garçons victimes de troubles alimentaires, nettement moins nombreux en pourcentage, la quête est la même de reprendre le contrôle, à travers le corps, d'un monde qui échappe par une maîtrise de soi, à défaut d'avoir trouvé ses marques dans la relation à autrui.

La boulimie est un dérèglement de la capacité de contrôle de l'appétit. Ingestion sauvage, impulsive, de quantités de nourriture jusqu'à l'émergence de la douleur et du vomissement, laissant le sujet dans le dégoût de soi, mais malgré tout dans le calme revenu d'un monde à nouveau pensable. Tentative de soulager une tension en se jouant de son corps, de combler indéfiniment le sentiment de vide, chute dans la nourriture pour combler le manque à être. Parfois, aux épisodes de vomissement succèdent l'absorption de grandes quantités d'eau jusqu'à ce que le liquide rejeté paraisse propre. Cérémonie de purification pour des femmes (parfois des hommes) qui se sentent souillées non seulement par le mélange de ce qu'elles ont avalé (plutôt que mangé), mais aussi par la perte provisoire de la maîtrise sur soi et le chaos d'une existence non désirée. Les moments d'anorexie et de boulimie sont des rites intimes de fermeture de soi. Le sujet est un guetteur inexorable aux portes de son corps pour en assurer la sauvegarde personnelle.

De manière générale, dans le discours profane, loin d'être perçue comme une conduite à risque, l'*alcoolisation* est à l'inverse assimilée comme une technique de contournement du risque en suscitant une euphorie, un état d'esprit propre à engager dans l'action. L'individu est convaincu de tenir l'alcool, voire même de connaître, grâce à son usage, une accentuation de sa vigilance et de ses réflexes. Il cite éventuellement tel de ses amis qui lui, bien entendu, n'offre aucune résistance. L'alcoolisation supprime la conscience du risque. Elle a un effet de dissolution du sens des limites pour l'individu qui va dès lors au-delà de ses repères habituels dans son rapport au monde. Le fait de boire avant de se lancer dans une action plus ou moins sentie comme périlleuse atteste d'un conflit entre l'intelligence de l'événement et l'impossibilité morale de s'y soustraire. Notamment si les autres en sont témoins et que l'enjeu est celui de la dignité personnelle. En buvant, l'individu est en quête du courage qui lui permettra de se lancer sans lésiner dans l'action. L'alcoolisation incite à la prise de risque en brouillant partiellement les aptitudes à l'évaluation de la situation.

Une image d'Épinal associe d'ailleurs le fait de boire et de se donner du courage. L'alcoolisation est clairement identifiée ici à la suppression magique des défenses psychologiques susceptibles de provoquer une réticence en remplaçant le stress par l'euphorie. Elle dissipe les scrupules qui préludaient à l'entrée dans une conduite à risque, ou bien elle contribue à les occulter en générant un sentiment de toute-puissance et de jubilation. Elle arrache l'acteur à ses routines personnelles et donc à ses défenses coutumières. Celui-ci souhaite ne plus penser, mais s'immerger dans le faire, soutenu en partie par l'illusion que lui donne l'alcool d'être invulnérable, léger, bien au-delà des compétences requises pour venir à bien de la situation. Mais en même temps qu'elle prédispose l'individu à surévaluer ses capacités à surmonter l'épreuve, elle diminue à son insu ses moyens. Son sentiment de toute-puissance risque fort de rencontrer de plein fouet le démenti du réel et de l'exposer à des suites fâcheuses.

Souvent, pour les jeunes générations, l'alcool bénéficie de l'aura des choses valorisées par les adultes, mais encore défendues ou limitées. En consommer entre copains procure le sentiment délicieux de la transgression et accentue la complicité. Exploration relativement contrôlée du vertige, pour les imaginaires culturels, il participe de la convivialité, il lève les inhibitions, met en condition pour jouir pleinement de la fête. Il donne l'assurance nécessaire à une soirée réussie. Avec lui on « s'éclate », on « délire », on « se réchauffe ». Il a l'avantage de dissiper l'anxiété ou le mal de vivre. C'est un antidépresseur sauvage, un anxiolytique provoquant l'oubli, l'euphorie, par effacement de la conscience. Les fêtes de fin de semaine impliquent souvent une forte alcoolisation. La « cuite du samedi soir » se mue alors en rituel. Ivre, le jeune se met fréquemment en danger, notamment en conduisant sa voiture ou sa moto, il provoque le conflit avec les autres, s'expose à de dangereuses inattentions. S'il est moins touché par l'alcoolisme que les tranches d'âge plus élevées, il connaît néanmoins un risque d'accident associé à la consommation d'alcool nettement supérieur : moindre expérience de la conduite automobile et de l'alcoolisation (Assailly, 1992, p. 97).

L'alcool est valorisé, le fait de « tenir l'alcool » suscite l'admiration et permet d'exister dans le regard des autres, à défaut d'autre chose. La « première cuite » est souvent vécue comme une sorte de rite de passage vers l'âge d'homme, un brevet de virilité. Elle a une fonction initiatique, de même, à une moindre échelle, que la première cigarette ou le premier joint. Passage d'une signification de soi à une autre sous le signe d'une transgression qui en accroît la valeur. L'âge moyen de la première ivresse est de 15,5 ans pour les garçons et les filles. Mais les garçons ont été deux fois plus souvent ivres. En 2001, les ivresses répétées ont nettement augmenté : près d'un jeune sur trois a connu au moins trois ivresses dans l'année, contre un jeune sur cinq en 1993. Pour *Baromètre Santé 2000,* 54,7 % des garçons et 23,9 % des filles entre 20 et 25 ans ont été au moins une fois ivre dans l'année, 44,8 % des garçons et 28,4 % des filles entre 15 et 19 ans. Ces ivresses sont vécues lors de soirées chez des amis, dans des boîtes ou dans des bars. Les épisodes récents touchent surtout les jeunes : près de 40 % des jeunes de moins de 25 ans (18 % des plus de 25 ans) (chiffres CFES). Certes, ils boivent moins que leurs aînés, mais ils vivent plus précocement l'ivresse, et parfois la recherche délibérément comme « un dérèglement des sens » (Rimbaud). Entre 1994 et 1997, la consommation des alcools forts a presque doublé. Le marché connaît maintenant à l'adresse des jeunes consommateurs entre 18 et 25 ans les prémix (mélange d'alcool et de soda), les *shooters,* bières spéciales à fort degré d'alcool pour une défonce rapide et peu coûteuse. Dans les soirées, la prise d'alcool est souvent associée à celle du cannabis.

L'entrée dans la *toxicomanie* s'annonce comme une volonté initiale de jouer avec le risque, apportant la satisfaction de transgresser les codes sociaux. Le franchissement de la limite ajoute sa saveur aux sensations recherchées. L'accessibilité croissante des produits en rend la tentation difficile à repousser. Une quête d'identité se construit là en opposition aux adultes incarnant la loi, avec le sentiment d'échapper à l'adolescence par le mépris des interdits et l'assentiment du groupe de pairs. L'usage de la drogue, sa vente et toutes les activités illégales qui l'entourent dans la culture de rue sont des ressources culturelles et sociales pour se construire une identité propre à être reconnu, au moins dans une sphère d'action. Ces activités procurent argent et prestige aux yeux du groupe de référence, et même au-delà, à travers cette forme d'attraction paradoxale que constitue le « voyou » (Bourgeois, 2001 ; Collinson, 1996).

Le cannabis jouit de la réputation d'une drogue prohibée, mais dont les effets néfastes sont contestés. Il porte le bonheur de la transgression tout en favorisant l'intégration dans le groupe de pairs, par le fait d'accepter de le prendre, mais aussi en ce qu'il modifie l'humeur, la rend plus enjouée, il est associé à la fête, aux amis, il lève les difficultés de communication, multiplie les sensations en donnant la conviction de posséder une grande intelligence. Comme l'alcool, le cannabis est vécu comme une sorte d'anxiolytique. La confrontation à l'alcool et à l'ivresse est souvent corrélée à une consommation de cigarettes et de cannabis. Un quart des 15-19 ans déclarent avoir expérimenté une drogue. 22,8 % l'ont fait ces douze derniers mois. En 1997, 35 % des jeunes de 18 ans ont consommé du cannabis dans l'année (Arènes *et al.,* 1999, p. 189). À 19 ans, 41,8 % en ont déjà consommé.

Les soirées *raves* témoignent aussi de cette volonté de fusion, d'oubli de soi, voire de coma dans la frénésie des sons et des mouvements. L'ecstasy donne l'illusion de communiquer tous ensemble, alors qu'elle est plutôt, en toute rigueur, une sorte d'antidote à la rencontre, une prothèse de communication venant suppléer une parole impossible du fait de l'environnement sonore. Il s'agit de « ne plus se prendre la tête », c'est-à-dire de ne plus penser, mais d'être absorbé par le produit et l'ambiance dans la dissolution du fardeau du Moi. Les aspérités du lien social disparaissent dans un archipel de solitudes, chacune convaincue de vivre un merveilleux moment d'alliance avec les autres.

Beaucoup en restent là, se contentant de fumer un joint de temps en temps, ou n'allant guère au-delà de quelques expériences d'ecstasy ou d'héroïne, mais d'autres sont happés par le *flash* et la nécessité intérieure d'en reproduire les conditions. Le moment de la lune de miel avec le produit ne dure guère, au fil des mois ou des années le plaisir lentement s'émousse, et celui-ci est davantage une parade aux souffrances du manque : satisfaire aux nécessités de la vie quotidienne devenue difficiles à assumer. Les usages contemporains de la drogue ne visent plus l'expérimentation sur soi des *sixties,* il ne s'agit plus de la quête de formules chimiques d'une transcendance immédiatement accessible, mais souvent, à l'inverse, d'une forme d'automédication d'un individu qui éprouve un mal de vivre et recherche une solution pour se tenir la tête hors de l'eau. Nous sommes dans une société de résolution chimique des tensions personnelles par une prise médicamenteuse. Nul étonnement dès lors à retrouver si souvent ces conduites chez les jeunes. La pharmaco-dépendance aux drogues illicites est en France aujourd'hui évaluée autour de 300 000 personnes.

Le passage à la dépendance envers le produit met fréquemment en évidence l'absence réelle ou symbolique du père. Dans la toxicomanie comme dans l'anorexie ou l'acte suicidaire, on rencontre souvent le même processus de dévoration de l'enfant par la mère. Et ce dernier n'est pas aimé pour lui-même mais pour la représentation qu'elle s'en fait et qui lui ôte toute épaisseur. Le père ou son tenant-lieu est impuissant à rompre la dépendance. Le jeune est privé par absence, éloignement ou insuffisance d'une représentation parentale valable[1]. Le manque à être ou plutôt le manque du manque qui permet d'exister comme sujet empêche une symbolisation qui le projetterait créativement sur le monde extérieur. Il précède le recours au produit qui devient la substance miraculeuse venant provisoirement combler le vide, mais pour l'attiser aussitôt. Le toxicomane essaie de s'arracher lui aussi de la trame affective où il est englué, il cherche à se mettre au monde, à se différentier, à exister pour lui-même mais ne trouve que la drogue comme prothèse d'identité lui permettant d'exister encore. Mais celle-ci se transforme en

1. Une autre fragilité tient dans le recours régulier des parents aux produits tels que les barbituriques, l'alcool ou les stimulants, ou à des médicaments de confort « conduisant le jeune à penser que devant un quelconque "mal à vivre" la solution ne peut provenir que d'un secours magique et extérieur (en particulier chimique) » (Bergeret, 1982, p. 85).

une source accablante et dévorante de vide qu'il convient sans cesse de combler dans une course folle. La drogue donne l'illusion de s'affranchir de la dépendance à la mère par la fiction d'une libre décision à l'égard du produit. Elle en produit une autre devenant une manière de vivre en colmatant le vide par le vide. La jouissance des premiers moments est une nostalgie dont l'individu guette désespérément le retour. Sa quête est celle d'une jouissance totale à l'intérieur du contre-monde, le comblement de tous les manques dans une extase (*ek-stase :* être hors de soi) qui ne peut être que celle de la mort.

L'héroïne instaure le simulacre d'un monde plein et propice qui éloigne d'une réalité vécue avec insuffisamment de médiation, brutale aux yeux du jeune. En interposant le produit entre soi et les autres, soi et le monde, il peut s'abandonner aux pesanteurs des contraintes liées à la recherche du produit, aux moyens d'en financer l'achat, aux rituels du *shoot,* etc. Les exigences d'un tel mode de vie lui octroient un mode d'emploi pour exister, en réduisant la complexité du monde à une poignée de données élémentaires.

La toxicomanie est une forme de redoublement de soi dans un contre-monde sur lequel l'usager croit exercer un contrôle. Mais le moment de jubilation des premiers temps, la lune de miel avec le produit, entre progressivement dans des formes de manque, ou en tous les cas dans la nécessité d'étayer en permanence le contre-corps qui lui permet de continuer à exister. Non pas le corps du lien social mais un corps narcissique, en quelque sorte. Il s'agit, à l'intérieur de soi, de se fabriquer un univers de sensations à travers un chemin difficile à penser car il est moins fait de visions ou de rêves que d'un chaos de sensations. Ce contre-corps permet d'habiter un contre-monde où règne une sorte de toute-puissance permettant de continuer à exister en abandonnant le corps de la vie courante. On pourrait aussi dire que l'individu reprend la maîtrise du vide, mais au détriment d'un monde réel désinvesti, appauvri. « Fréquemment, écrit A. Charles-Nicolas, des toxicomanes se précipitent vers leur héroïne après une blessure narcissique apparemment minime : une contrariété, un léger contretemps, une phrase anodine, la survenue d'un temps gris provoquent un effondrement » (Charles-Nicolas, 1984, p. 216).

Le toxicomane vit en se jouant de la mort, en la tenant à sa merci. La drogue abandonnée, d'autres recours pour la solliciter apparaissent. Des anciens toxicomanes attentent à leurs jours. « Loin d'être un équivalent suicidaire, observent André Charles-Nicolas et Marc Valleur, la drogue aide à vivre, beaucoup de nos clients ont tenté de se suicider alors qu'ils n'étaient plus toxicomanes. C'est là une constatation courante, ils meurent guéris. N'ayant plus la drogue, ils n'ont d'autre issue que la tentative de suicide, ne pouvant plus éprouver la mort, ils meurent » (Charles-Nicolas, Valleur, 1982 ; Charles-Nicolas, 1984). L'héroïne est le balancier qui autorise la poursuite de la vie, la dose infime de mort qui permet de triompher de la mort réelle dans un jeu ordalique où il s'agit d'arracher journellement une certitude d'être légitimement au monde. Ce rapport ambigu au produit qui donne simultanément vie et menace de mort étaye paradoxalement une existence sur le fil du rasoir.

Le toxicomane regarde la vie « normale » comme derrière une vitre, il voudrait lui aussi aller au cinéma, rentrer tranquillement chez lui, retrouver une vie sentimentale, sexuelle, mais il est dans l'orbite de l'héroïne, ses pensées sont focalisées sur elle : comment se procurer l'argent pour acheter sa dose, à quel *dealer* s'adresser ? Combien de temps faudra-t-il l'attendre dans l'angoisse qu'il ne vienne pas ?, etc. « Tu es prêt à faire n'importe quoi. Plus de fierté qui compte. » Il s'agit non plus d'en jouir mais de s'arracher aux affres du manque, de soulager le terrible sentiment du vide, la fatigue infinie qui alourdit le moindre geste, l'obsession. Vient alors le moment de la diabolisation du produit, « cette saloperie de came » qui tient désormais les rennes du sujet. « Je donnerais tout pour oublier l'héroïne. » Le rite méticuleux et plein de promesse du *shoot* se dégrade en pure compulsion, la peur du manque amène à la prise sans discernement de produits qui dispensent au moins l'absence ; l'urgence l'emporte sur les précautions : abcès, infection, hépatite, séropositivité, sida témoignent de cette indifférence qui gagne face à tout ce qui n'est pas l'osmose immédiate avec le produit. La toxicomanie entraîne dans son sillage d'autres conduites susceptibles de provoquer la mort : le *deal,* la délinquance, les mauvaises substances, l'échange de seringue, la prostitution impliquant souvent l'accord à des relations sexuelles sans préservatifs, dans la hâte de trouver l'argent nécessaire à l'achat du produit. Le pacte avec la drogue est à double-tranchant, les processus chimiques induits rythment l'existence de l'individu, prennent son contrôle et finissent par lui dicter radicalement sa conduite.

Le corps en tant que source de changement est perçu comme soi et autre, motif d'anxiété car il devient insaisissable et contraint à l'assomption d'une identité personnelle et sexuelle, alors que rien ne vient appuyer moralement cette métamorphose. Le jeune a le sentiment que ni la réalité extérieure du lien social ni sa propre réalité physique ne sont sous son contrôle. L'une et l'autre le poussent dans ses retranchements sans qu'il puisse s'en approprier les termes en toute confiance. En même temps qu'il cesse de se reconnaître, les significations du monde qui l'entoure lui échappent également. D'où les relations d'emprise du jeune envers certains objets : drogue, alcool, nourriture, etc., grâce auxquels il décide à sa guise des états de son corps. Fantasme de toute-puissance qui lui donne le sentiment d'exercer sa souveraineté sur la conduite de son existence, quitte à transformer les autres en pures utilités, à ne rien investir d'autre que la relation au produit. À l'insaisissable de soi et du monde, il s'agit d'opposer le concret du corps. Les relations d'emprise sont une forme de contrôle exercé sur la vie quotidienne face à la turbulence du monde. À l'incertitude des relations, l'usager préfère le rapport régulier à un objet qui oriente totalement son existence, mais qu'il a le sentiment de maîtriser à volonté et éternellement. Le jeune reproduit sans cesse une relation particulière à un objet ou une sensation qui lui procure enfin, fût-ce pour un instant, un sentiment de plénitude, l'impression furtive de s'appartenir sans être aspiré par le vide. L'absence d'épaisseur de l'existence, le manque de valeur attachée à soi, l'aspiration vers le vide forcent le recours éperdu à l'objet qui ancre encore au monde.

*Vitesse :* la tranche d'âge 15-24 ans accuse une nette prévalence en ce qui concerne les accidents routiers. Pour les garçons, ce taux est six fois plus élevés que pour les 5-14 ans, et une fois et demie pour la tranche 25-34 ans. Pour les filles, il est trois fois plus élevé que la tranche 5-14 ans et une fois et demie pour la tranche 25-34 ans. La surmortalité est davantage masculine. Les jeunes de 15 à 24 ans représentent près de 30 % des décès sur les routes, avec une forte surimplication des garçons. En France, environ 3 570 jeunes perdent ainsi la vie chaque année. Les accidents de la route sont responsables de près d'un décès sur deux à l'adolescence, et ils aboutissent à près de 10 000 blessés graves chaque année.

À de multiples niveaux la voiture est un instrument clé des conduites à risque. On se souvient de la fameuse séquence de *La fureur de vivre,* de Nicholas Ray (1955), au cours de laquelle deux conducteurs s'affrontent dans un duel à mort pour déterminer qui flanchera le premier au volant de sa voiture devant un précipice. Le personnage joué par James Dean s'en sort *in extremis,* mais quelques mois plus tard la fiction rejoint la réalité. En septembre de la même année, il se tue au volant d'une Porsche sur une route de Salinas, en Californie. Deux semaines auparavant il tournait un spot publicitaire pour la sécurité routière, dans lequel il disait : « Roulez moins vite. C'est peut-être ma vie que vous sauverez. »

La voiture confère au jeune une identité prothétique, elle est un instrument majeur de prise d'indépendance face aux parents. Elle est érotisée, transformée en partenaire, source de surcompensation qui l'autorise à accéder à une autre version de lui-même pour le meilleur ou pour le pire. Elle est le test projectif de ses manques et des moyens symboliques par lesquels il cherche à les combler. Le permis de conduire est vécu comme un rite de passage donnant l'impression de faire peau neuve. Il est fêté avec les proches. La vitesse sur la route permet de se libérer des frustrations du quotidien. Le jeune pousse la voiture à ses limites techniques, parfois jusqu'à la destruction si elle est volée (courses, rodéos, etc.).

Les jeunes conduisent plus vite, avec moins de précautions, et leur manque d'expérience accroît leur vulnérabilité. Leur évaluation du danger diffère de celle de leurs aînés, ils sont confiants en leur habileté à conduire, plus optimistes sur leur chance de s'en sortir en cas de situation dangereuse, et chacun pense que comparativement à ses pairs du même âge, il encourt quant à lui moins de risque d'accident (Finn, Braggs, 1986). Ces jeunes conducteurs sont victimes de la vitesse, non seulement parce qu'ils en usent davantage dans une quête de soi souvent périlleuse, mais ils possèdent des voitures en moins bon état dont ils négligent l'entretien. Ne percevant pas les signes de danger avec autant de célérité qu'un conducteur plus expérimenté, ils sont d'autant plus vulnérables. Ils tendent à sous-évaluer les risques pour eux-mêmes et pour les autres. En outre, la conscience du danger associé à la vitesse ne suffit pas à désarmer l'attraction qu'elle exerce. Au contraire, elle est parfois une incitation à tester sa chance. Le sentiment de maîtrise que le jeune éprouve à son volant balaie les dernières objections. Il se sent invulnérable, « spécial ». La dénégation de la mort se mêle à la nécessité intérieure de tester ce privilège tout en affichant un mépris des règles sociales. Le jeune conducteur explore ses ressources. Conduire vite, sans ceinture, dans le mépris du Code de la route, en ayant parfois bu ou consommé des drogues sont des moyens radicaux de se mettre en jeu, d'affirmer une légitimité personnelle mais dans une nette surestimation de ses compétences.

La vitesse sur les routes provoque un moment d'intensité d'être et génère le sentiment de sa valeur, de son courage. Le défi est courant chez les jeunes conducteurs, soucieux d'afficher leur virtuosité ou mis dans l'impossibilité de renoncer à une action sans perdre l'estime de ceux qui l'accompagnent. S'il n'est pas clairement annoncé, il relève de toute façon d'une manière d'être avec ses pairs, d'une volonté de se montrer à la hauteur, de porter haut l'honneur du groupe. Les autres sont les témoins indispensables de ces épreuves personnelles qui, sinon, n'auraient la plupart du temps jamais lieu. Elles affichent aux yeux des passagers une dextérité que dément justement cet impératif de démontrer sans cesse qu'on est à la hauteur. Elles mobilisent un narcissisme permettant de se reconstruire. Si le jeune est l'héritier de l'éducation reçue par ses parents en matière de comportement routier, l'influence des amis, leur présence surtout à ses côtés, les références de la culture de rue ajoutent une autre dimension dont il s'arrange avec son style personnel. Le groupe de pairs joue un rôle d'incitation à la prise de risque qui neutralise l'impact parental. La vitesse est la forme stéréotypée d'une démonstration sublimée de virilité.

Si elle est ainsi une prothèse identitaire pour le jeune, une autre dimension est également présente : la recherche du vertige et de son contrôle. Emporté par la vitesse, le conducteur décroche un moment de la sécurité de ses anciens repères. Immergé au sein du vertige en même temps qu'il en domine les effets, il ressent une exaltation d'autant plus forte que le reste de son existence lui échappe totalement. À ce moment où il se tient sur le fil du rasoir, il éprouve le sentiment de prendre possession de la meilleure version de soi et de tenir en joue la souffrance diffuse qui imprègne son existence. Il trace enfin son chemin en se sentant responsable de soi. Moyen d'une démonstration péremptoire de soi sur un mode d'autant plus périlleux que son identité est justement fragile, qu'il est en quête passionnée d'une assurance dans sa vie. Doubler d'autres automobilistes lui donne le sentiment de les « humilier », d'afficher à leurs yeux sa « puissance » personnelle, démontrer son courage, sa dextérité.

Le vertige est contenu au plus proche de soi, de façon physique. L'habileté à se jouer du vide et de la peur engendre une ivresse dont tout motocycliste parle avec bonheur : sentir l'air autour de soi de manière tangible, dans un vacarme qui étourdit les sens. L'accélération favorise une relation frontale au monde. Mais l'équilibre est à tout instant menacé. Lors des concentrations motocyclistes, l'espace autour du circuit et certains lieux privilégiés de la ville sont le théâtre de joutes spectaculaires qui se renouvellent chaque année et deviennent des rites de conciliation du risque, d'intronisation dans la « tribu ». Ces exercices de vitesse ou de contrôle de la machine permettent de vivre avec intensité sur le fil du rasoir en jouant symboliquement avec la mort. En mai 1992, lors des 24 heures du Mans moto, neuf jeunes meurent de n'avoir su mesurer jusqu'où on peut aller trop loin. La jubilation de survivre menace à tout instant de se rompre. L'accident rappelle le prix qu'il faut consentir à payer pour accéder à l'intensité de ces émotions[1]. Mais au cœur de la vitesse, le jeune fabrique du sens, il invente

1. En 1987, en Espagne, des jeunes sortant des discothèques qui se trouvent sur la voie rapide nord de Madrid prennent l'autoroute en sens contraire par défi. Dans les mois qui suivent ce jeu déborde la jeunesse dorée madrilène et donne lieu à des paris (Imbert, 1993).

son sacré personnel, il construit son récit d'existence avec l'impression d'en être enfin l'acteur sans que nul ne puisse lui mesurer sa souveraineté. Les lieux communs de la « griserie », de l' « ivresse » de la vitesse traduisent d'ailleurs bien le bonheur éprouvé. Bien entendu, cette analyse, si elle privilégie la jeunesse, ne saurait s'y cantonner, elle concerne aussi pour une part les autres générations.

L'engouement pour les courses de Formule 1 donnant à voir parfois la mort en direct (Senna) ou des rallyes aussi contestables que le Paris-Dakar, au nom duquel des voitures traversent à toute allure des villages ou des pistes, ou d'autres en France ou ailleurs exaltent la vitesse dans l'indifférence du Code de la route et des autres usagers, sont des incitations à la transgression des règles de la sécurité routière et au mépris de l'autre. Les héros ne sont pas hommes de prudence mais ceux qui foncent et prennent des risques. Des films comme *Taxi,* ou sa suite, banalisent la violence routière et le mépris de ceux qui sont censés faire respecter le Code de la route. De même les séries américaines ou les films hollywoodiens montrant de longues poursuites à toute allure dans les rues des villes, semant sur leur chemin d'innombrables collisions. La virtuosité est du côté de ceux qui transgressent les règles et se moquent de la vie des autres. Le retour inlassable de ces images est une publicité pour la délinquance routière, il héroïse des comportements brutaux, débrouillards, qui poussent à la dérision de celui qui conduit dans les règles. Paradoxalement, dans nos sociétés la valorisation de la vitesse est permanente, elle stigmatise les conducteurs prudents pour les autres et eux-mêmes.

*Suicides et tentatives de suicides :* les tentatives de suicide sont des tentatives de vivre, une manière douloureuse et parfois vouée à la mort d'exister enfin en dépit des circonstances. On connaît la formule de Nietzsche : « Je voulais vivre, c'est pourquoi je devais mourir », qui traduit toute l'ambivalence de ce jeu avec la mort qui n'a pas conscience de lui-même mais force une réponse à la question du sens et de la valeur de l'existence. Il ne s'agit pas de mourir, mais d'échapper à la souffrance pour commencer enfin à vivre. L'intention est de tuer quelque chose en soi qui libère enfin le goût de vivre. L'acte vient rompre une tension intolérable, la mort est moins visée que le fait de ne plus être là, d'être délivré de soi, de s'arracher à un corps qui enracine, contre son gré, à une existence dont on voudrait se défaire pour vivre autrement. Le sacrifice d'une part de soi est le prix à payer pour exister enfin, mais l'existence elle-même peut en être le prix. Le corps perçu comme un enracinement douloureux à soi, à une existence désavouée, est ici indirectement le lieu où la haine de soi se détourne. Hakima Aït el Cadi, évoquant surtout les filles, parle à cet égard d'une volonté de « corpicide » (Aït el Cadi, 2002, p. 160). « Dans le coma tu n'es pas morte, dit Kamir. C'est ça qui est bien. Quand j'ai avalé des médicaments j'ai pris juste ce qu'il fallait pour ne pas mourir parce qu'au fond de moi, je ne voulais pas faire de peine à ma famille. Je veux juste qu'après ça mes parents voient que ça ne va pas, je veux voir s'ils m'aiment. » « J'aurais bien voulu m'évaporer comme ça, ne plus être là, disparaître. M'évaporer, ça veut pas dire mourir, mais voltiger, aller partout, m'envoler et me faire oublier, ou alors me faire rattraper par des gens qui tiennent à moi », dit Safira. La mort est un grand sommeil dont on s'éveille une fois guéri de toute souffrance.

L'acte suicidaire est aussi une tentative de dire l'innommable de l'inceste, des attouchements, du viol par le père, le beau-père ou des proches de la famille, qu'il s'agisse de filles (la majorité) ou de garçons. Le sentiment de dégoût de soi, la culpabilité, l'impossibilité de dénoncer à cause de la peur de nuire au coupable forcent une issue à travers le corps. La majorité des victimes d'inceste tentent ainsi de se donner la mort. L'acte suicidaire est alors la seule issue pour éviter la destruction, la seule voie d'une refondation de soi. Mais il témoigne aussi de la mésentente des parents, de leur séparation, de l'abandon, de l'indifférence, ou des violences physiques qui écrasent la projection de soi dans l'avenir. Tentative aussi de dire le porte-à-faux avec le monde quand le jeune a l'impression d'avoir tout pour être heureux, comme on le lui répète, mais sans pourtant ressentir le goût de vivre. Comme la comptine du film homonyme, l'injonction est « bouge pas, meurs, ressuscite ». L'acte suicidaire est une volonté de « coup d'arrêt » (Baudry, 1991, p. 212) à l'intolérable.

En France, environ 1 000 jeunes de moins de 24 ans se tuent chaque année. Les tentatives de suicides sont de cinquante à soixante fois supérieures. Ce nombre atteste de la question anthropologique soulevée ici. Les proportions touchant d'autres classes d'âge sont sans commune mesure. Si les jeunes se suicident moins que leurs aînés, ils témoignent en revanche d'un taux de tentatives nettement supérieur. L'avancée en âge marque une forte diminution des tentatives au détriment des suicides réussis. À partir de 65 ans, par exemple, l'acte est presque toujours sans rémission. La composante ordalique du suicide des jeunes apparaît en toute évidence, ce geste est imprégné d'ambivalence : loin d'attester une volonté ferme de mourir (rare à cet âge), il traduit un appel à l'aide, le débordement d'une souffrance qui ne trouve pas d'autres voies de résolution. Mais les moyens utilisés sont rarement mortels (médicaments, etc.), les conditions choisies laissent souvent une chance de s'en sortir, ou bien le jeune lui-même avoue son geste avant qu'il ne soit trop tard. L'intention est moins de se détruire que d'éprouver le poids de son existence.

Entre 15 et 19 ans 4,3 % des jeunes ont fait une tentative de suicide (1,8 % des garçons et 6,9 % des filles) ; environ 6,4 % pour la classe d'âge 12-19 ans ; entre 20 et 25 ans ce sont environ 6 % (4,4 des hommes, 7,7 % des femmes) *(Baro-*

*mètre Santé, 2000).* L'enquête INSERM (Choquet, Ledoux, 1994) donnait des chiffres proches : 6,5 % de la tranche d'âge 11-19 ans. 70 % des suicidants ont fait une tentative, 19,7 % deux et 10 % trois. Nombre de jeunes développent régulièrement l'idée du suicide sans nécessairement passer à l'acte. 9 % des jeunes de 11 à 20 ans pensent souvent au suicide, et une fois sur deux passent à l'acte. Les jeunes cohabitants avec leurs parents de naissance (9,4 %) ont moins pensé au suicide que ceux issus de familles monoparentales (12,9 %) ou recomposées (16,7 %) d'après l'enquête de *Baromètre santé.*

La mort frappe trois fois plus les garçons que les filles ; les tentatives sont en revanche nettement supérieures chez ces dernières. Mais les moyens ne sont pas les mêmes. Chez les garçons la tentative de suicide ressemble à un coup de poing projeté contre l'entourage, celles des filles évoquent davantage le chuchotement, l'effacement. Les garçons usent en effet de moyens radicaux, la volonté de se détruire est plus prononcée sans craindre d'attenter à l'intégrité corporelle, avec souvent un effet de mise en scène : pendaison, défenestration, recours à une arme à feu. Les filles usent de moyens qui préservent leur apparence corporelle : incision des veines, mais surtout intoxication médicamenteuse. Les tentatives de suicide des filles surtout évoquent une entrée lente dans la mort, sans rupture, en douceur, comme s'il s'agissait seulement de s'endormir pour s'éveiller un jour purifié de toute souffrance. Dans leur immense majorité, elles recourent aux tranquillisants qui encombrent les armoires à pharmacie familiales, parfois additionnés d'alcool. La volonté est de glisser doucement dans l'absence. « Je voulais rester entre deux eaux, ni morte ni vivante, enfin libérée de mes problèmes. En fait, j'aurais voulu me terrer dans un cocon, comme si j'étais retournée dans le ventre de ma mère », dit Aurore, 17 ans (Pommereau, 1997, p. 223). Le fait de se taillader les poignets amène à éprouver son existence pour reprendre pied, la douleur de l'effraction dans le corps restitue une limite qui manquait, un garde-fou qui empêche de sombrer dans une hémorragie de souffrance.

Les motifs du passage à l'acte puisent dans les ruptures sentimentales, les conflits à l'intérieur de la famille, l'échec scolaire, le sentiment de solitude. Les familles des jeunes suicidants souffrent d'un défaut de communication, d'une faille dans la fonction contenante qui les empêche d'y trouver les interlocuteurs nécessaire à leur enracinement dans la vie. L'acte suicidaire provoque la dynamique familiale, interroge en profondeur une trame relationnelle où le jeune ne se sent pas à sa place, où il ne sent ni aimé ni reconnu pour ce qu'il est. Un événement parfois mineur aux yeux des autres est vécu comme un rejet, un abandon, il produit alors un séisme dans l'attachement au monde. Dilué dans une souffrance diffuse, il est pourtant la goutte d'eau qui fait déborder le vase : une mauvaise note, une réprimande perçue comme injuste, une déception sentimentale, une maladresse des parents.

Le nœud de sens qui reliait l'individu au monde se défait et provoque la chute en avant du passage à l'acte. Ces motifs traduisent la souffrance née d'une communication qui échoue à s'établir, d'un narcissisme mis à mal par les circonstances, d'un sentiment d'injustice. Au lieu de recourir à la parole, le jeune commet un acte radical qui force la réponse de l'entourage dans une épreuve de vérité. Par la mobilisation qui l'entoure, les conséquences de son geste sur ses parents ou ses amis, le jeune s'ancre à nouveau dans le sentiment d'être aimé et de valoir la peine. À l'inverse, l'indifférence des parents ou la banalisation de l'acte (« il ne se rendait pas compte de ce qu'il faisait ») préparent la récidive. L'ordalie provoquée lui a donné la réponse ambiguë d'un entourage guère touché par son geste, et il se voit confirmer son peu de poids aux yeux de ceux auxquels il est pourtant attaché.

La gravité de l'acte, la souffrance qui l'anime ne sont en rien corrélées à la forme employée pour attenter à ses jours.

Par cet ultime recours, le jeune ne pense pas réellement à la mort comme un événement irréversible et tragique, il entend briser le verrou d'une situation qui lui parait inéluctable et pousse à son terme l'insignifiance dont il se croit marqué. En provoquant ainsi son entourage, il s'abandonne à l'hypothèse de mourir pour gagner la légitimité de son existence. Seule la mort, en le rejetant, est alors en mesure de la lui fournir. L'épreuve surmontée lui concède le sentiment de sa valeur propre, la chance était avec lui, il s'en est sorti. Il a eu le courage de tenter l'irrémédiable. Il retrouve une meilleure estime de soi. Les tentatives de suicide fournissent un mode symbolique d'affrontement au monde et à la mort permettant de mieux se situer et se comprendre.

Dans la *fugue,* le jeune échappe à l'étouffement du milieu familial, ou à son indifférence, il se livre au hasard de la route et des rencontres. Il fuit souvent les abus sexuels d'un père ou d'un beau-père, l'indifférence ou le mépris d'une belle-mère, ou bien les conflits qui bouleversent la dynamique parentale. D'autres, des garçons surtout, s'efforcent de se détacher d'une figure maternelle écrasante sur un fond d'absence réelle ou symbolique de l'autorité paternelle (Baux, 1998). Comme dans l'anorexie, il s'agit pour le jeune d'arracher son droit à exister en en payant le prix, de se différentier d'une mère abusive pour s'instituer enfin comme sujet. La fugue répond également à un processus proche de l'acte suicidaire. 25 % des tentatives de suicide ont été précédées par une fugue, dont on peut penser que sa signification n'a pas été comprise par les parents. Par différentes formes d'exposition de soi, le jeune essaie de s'extraire d'une trame affective où il est en souffrance. Il s'agit de répondre à l'intolérable d'une tension psychologique, de forcer le dialogue, d'alerter symboliquement la mère sur l'horreur de violences sexuelles subies. Parfois, plus rarement, le jeune peine à trouver une explication à son acte, hormis un malaise diffus, un sentiment d'insignifiance personnelle.

Ce départ inattendu brise les routines familiales. Le jeune fugueur espère troubler les siens afin d'être enfin reconnu dans sa différence, enfin compris et accueilli pour lui-même et non pour la représentation qu'en ont ses parents (ou sa mère), il mise sa propre existence pour trouver enfin sa place. En provoquant l'inquiétude, il pense que ses proches ressentiront son importance affective. Épreuve de vérité qui permet à de nombreux adolescents de prendre leurs marques et d'être plus assurés de leur rapport au monde, mais qui confirme parfois à d'autres leur peu de poids pour leur famille. La fugue est aussi un saut dans le vide pour échapper au vide, une chute à l'horizontale dans l'inconnu de l'espace pour ne pas mourir. Parfois l'épreuve d'une nuit passée hors de la maison lui suffit pour se démontrer sa valeur personnelle, sa détermination, et transmettre à ses parents le message de son malaise. Il ressent le plaisir de rompre un moment avec les routines ou les violences familiales, celles de l'école, et il découvre de nouveaux lieux, fait des rencontres, il se sent parfois plus mûr, à la hauteur. Il expérimente ses ressources.

D'autres, en revanche, poursuivent le fantasme d'échapper à toute contrainte, d'être libres, de consommer à leur guise des produits illicites (Chobeaux, 1996). Dans une forme de bravade, ils font de l'existence des autres une sorte de repoussoir, ils dénoncent l'aliénation, l'enfermement dans les routines, et ils revendiquent la liberté comme un choix personnel, oubliant les souffrances qui ont provoqué la fugue, puis l'errance. Adossées à une relation difficile aux parents, une fréquente déscolarisation, une dépression adolescente mal perçue par l'entourage, les conditions sont réunies pour favoriser la rupture définitive et engager sur un chemin pavé de difficultés. Le jeune entame une errance souvent douloureuse, même si des moments de plaisir la traversent parfois. La réalité de la zone est âpre, elle implique souvent le froid, la faim, la promiscuité, le manque de sommeil, l'alcool, les drogues, les toxiques, les violences à l'intérieur des squats ou dans la rue, les relations sexuelles plus ou moins consenties, souvent sans préservatifs. Au Québec, le taux de mortalité serait « douze fois plus élevé chez les jeunes de la rue que chez les jeunes Québécois de leur âge » (Sheriff, 1999, p. 112). Volonté de se dissoudre dans l'absence, dans une désorientation non seulement des repères temporels et spatiaux, mais aussi de l'identité même.

La zone est cet espace sans lieu où n'existent que des passages. Ni fugueurs ni clochards, jeunes encore, ses protagonistes vivent dans les interstices du lien social, là où les mailles se relâchent et dessinent des terrains vagues, aux significations indécises, aux usages suspendus ou détournés, rendus disponibles à l'appropriation de ces nomades de la modernité dont le nombre fait masse et induit une visibilité qui trouble les sensibilités collectives. L'indifférence aux chemins, aux lieux, l'existence dans la seule transition imposent à ces jeunes d'être toujours en instance. Ils n'ont pas trouvé leur demeure d'hommes et s'établissent au sein d'un monde où ils ne cessent de différer leur naissance. Ils vivent dans l'entre-deux du temps et de l'espace, suspendus entre soi et l'autre. Tout est égal, seules des intensités provisoires sortent de l'ordinaire, quelques heures, quelques jours, pour retomber vite dans la grisaille. Le monde ne leur est rien, leur identité reste elle-même inconsistante, toujours en voie de se cristalliser mais défaite un moment plus tard.

Leur existence manque du manque qui leur permettrait de s'affronter à une réalité plus investie et d'y prendre leur place. Le vide de la route n'exerce aucune passion. Pas de but à l'errance, sinon l'errance elle-même. Le jeune est dans le décrochage social, en souffrance, comme on dit d'une lettre n'ayant pas atteint son destinataire. Il ne trouve sa place nulle part, contraint à partir ailleurs à peine arrivé, saisi dans une « déambulation addictive » (B. Brusset). Mal dans sa peau, son propre corps n'est pas un lieu d'investissement, mais plutôt un poids encombrant et douloureux, à cause de son mode de vie, de l'absence fréquente de soins, et des conséquences physiques de son goût pour l'alcool et autres toxiques dont il fait souvent un usage immodéré.

Privilégier l'espace au détriment du temps, le déplacement à l'encontre du projet, la déambulation au lieu de la pensée, amortir le désir en satisfaction malaisée des besoins physiologiques journaliers sans chercher au-delà. L'écrasement du temps sous la seule forme du présent se substitue à une impossible projection de soi dans la durée, interdite par un sentiment d'identité trop labile. L'errance est une pathologie du temps, née de l'impossibilité de faire sa demeure de la durée. L'immédiat emporte tout et explique les décisions inattendues malgré les propos tenus quelques heures plus tôt : la saisie de l'occasion amène un nouveau départ, l'installation dans un squat ou la rupture brutale avec les anciens compagnons après la découverte d'un vol ou la naissance d'un conflit sur un sujet futile.

Ils vivent une existence en permanence sur le fil du rasoir, frappés par ce que nous avons appelé la « blancheur ». Le jeu avec la mort est moins ici une tentative de création de sens qu'un abandon de la lutte, une conduite à risque par défaut plutôt que par une extériorisation spectaculaire. Jeu avec la mort, non par excès mais par défaut. Ces jeunes sont en errance, squatters, en souffrance dans leur nulle part, issus pour la plupart de familles en crise où ils n'ont jamais eu le sentiment d'exister comme sujets, souvent victimes de violences familiales, d'abus sexuels, désinvestis par ceux qui leur étaient les plus proches, ils n'investissent pas leur existence comme étant digne de valeur, et ils continuent de vivre par défaut dans les interstices du social. Une sorte de chute interminable à l'horizontale les amène d'un *squat* à l'autre, sans perspective autre que l'instant, conjurant le sentiment de leur insignifiance sous un discours de revendication de leur état qui ne fait guère illusion. Comblant le vide par une prise d'innombrables toxiques, sans même chercher à planer ou à se procurer des sensations, la quête est plutôt celle de l'absence, du coma.

Une conduite à risque n'est pas seulement la recherche d'une simple intensité d'être, ou d'un défi pour s'imposer dans un monde problématique, elle naît parfois de l'indifférence quand le retrait hors de l'existence devient trop sensible et que le goût de vivre ne pèse plus guère. Le prix attaché à sa propre personne se confond à la grisaille d'un quotidien sans horizon ou marqué de douleur, l'indifférence à soi provoque alors l'exposition à un danger qui n'est plus directement perçu comme tel par lassitude. Le risque ici tient dans la pesanteur d'une action, il est sur le chemin, et si les menaces sont finalement évitées, elles le sont dans une même indifférence. Forme inconsciente d'une volonté moins de mourir que de ne plus être là, quête de blancheur allant jusqu'à l'effacement. La blancheur est une forme de démission de soi dans la pesanteur d'une existence qui n'est plus là que par surcroît.

L'adhésion à une *secte* est une autre forme d'abandon de l'identité, un retrait en l'autre devant l'effort de vivre et de penser. L'entrée dans une secte est une conduite à risque moral, si elle est rigide, et se referme sur le jeune comme un piège affectant son rapport au monde à travers une soumission totale sans possibilité d'exercice d'un libre arbitre. Les sectes dont nous parlons ici sont des institutions totalitaires qui emprisonnent mentalement, sinon physiquement, leurs adeptes s'ils ont eu la naïveté d'y souscrire, contrôlant de manière absolue leur emploi du temps et l'exercice de leur vie, elles instruisent en permanence les conditions d'une sujétion sans possibilité de révolte ou de critique, fonctionnant sur la base d'une référence exclusive à la parole d'un gourou, utilisant leurs adeptes comme main-d'œuvre ou comme agent de recrutement. Mais en amont de l'adhésion à une secte, il convient de ne jamais oublier qu'il y a une souffrance personnelle du jeune, un manque d'orientation de son existence qui pourrait se traduire par des modes tout aussi radicaux de se heurter au monde pour savoir si la vie vaut ou non d'être vécue.

La secte profite des failles, des blessures morales du jeune, elle ne les invente pas. Les techniques de recrutement misent justement sur le désarroi, le sentiment d'insignifiance. Elles savent remuer la souffrance pour proposer un baume en laissant à entendre au jeune qu'il est enfin compris. Elles offrent une réponse, un leurre terrible, sans doute, mais qui l'apaise un moment dans sa quête désespérée d'un soutien, d'une certitude pour pouvoir vivre. Le jeune rompt ainsi avec sa solitude, avec le sentiment que l'existence est dérisoire, sans but, et que lui-même est déjà un perdant. Il trouve dans la secte une affiliation, il y est reconnu, il y possède un statut, il participe de ce qu'il imagine le prestige de son groupe, il s'y sent enfin une personne valable. Pour la première fois peut-être il trouve une limite sécurisante, un contenant précis qui lui permet de trouver ses marques et d'éprouver un élargissement du sentiment d'exister.

La quête de spiritualité, évoquée comme raison première de l'adhésion, est secondaire au regard de la question essentielle, celle du goût de vivre et de la signification de l'existence. La secte est une réponse, maladroite et dangereuse, au sentiment que la vie est inutile et amère. Elle est probablement dans un premier temps une manière de contrer une vague dépressive envahissante. Les sectes donnent des réponses fermes aux grandes questions de l'existence, là où justement nos sociétés ont perdu une part de leur orientation anthropologique en laissant l'individu pour le meilleur ou pour le pire à une liberté « sans limite ». « Secte » vient du latin *secta* et signifie originellement « directive ». Comme les autres conduites à risque, les sectes sont la possibilité pour le jeune de se heurter enfin à une limite tangible et de pouvoir enfin prendre ses marques. Certes, nul n'est tout à fait exempt de souffrance personnelle et d'autre part l'adhésion repose parfois sur la conviction tranquille de la pertinence des idées proposées, de la séduction opérée par un agent de la secte à travers un discours prometteur ; elle provient aussi de la volonté de suivre le conseil d'un(e) ami(e) qui décrit avec exaltation l'existence commune.

Ce choix est un piège redoutable où le jeune court le risque du viol de sa conscience, celui de perdre l'usage du monde et de ne plus disposer d'autonomie personnelle. L'éventualité, en France, est relativement mineure mais elle existe dans certains lieux. Et l'avenir, au regard des turbulences actuelles de nos sociétés semble propice à ce genre d'affiliation. L'adhésion initiale repose sur une décision propre du jeune, même si celle-ci relève davantage d'un choix de servitude volontaire. Il en retire d'abord un sentiment de force personnelle, il subsume sa fragilité dans la puissance réelle ou fantasmée de son groupe d'élection. Il n'était rien, le voilà devenu un membre indispensable de l'immense chaîne des élus. Il appartient désormais à l'élite, il a l'espoir, grâce à ses efforts et à sa persévérance, de se rapprocher peu à peu de la Vérité ou de ceux qui l'incarnent.

Mais la secte se caractérise par l'impossibilité de revenir sur sa décision, soit que le jeune perde toute sa souveraineté personnelle ou une part de son jugement, soit encore qu'il se découvre symboliquement ou réellement emprisonné et sans possibilité de se retirer sans risque. La secte est séparée du reste du monde, elle est un vase clos, elle est donc exclusive, dans le sens où elle rejette tout autre mode d'existence comme contestable. Le groupe seul est souverain en ce qu'il met en œuvre la pensée du gourou ou du maître, lui seul importe, plus que les parents ou les amis même les plus chers. Mais ses leaders organisent la surveillance méticuleuse des adeptes, évaluent leur enthousiasme à servir la cause, leur degré d'implication dans les activités diverses du groupe. Des pressions psychologiques s'exercent sur les recrues qui traînent les pieds ou voudraient bien reprendre leur indépendance, des « anciens » surveillent le zèle des plus jeunes, les moyens de pressions sont multiples : la mise en quarantaine, les privations, les brimades, les punitions, etc. Certaines sectes imposent de manière ordinaire à leurs adeptes des conditions d'existence écrasantes en les privant de sommeil, en les contraignant à des tâches lourdes et accaparantes, en contrôlant totalement leur emploi du temps, en les nourrissant à peine, afin de prodiguer les moyens d'un assujettissement sans réplique.

L'autre risque est celui du fanatisme, l'entrée sans distance dans le discours du gourou qui amène a rejeter absolument toutes les anciennes valeurs, les proches, etc. La secte procure alors une identité prothétique qui seule enracine l'individu dans le sentiment d'être un élu, d'être prochainement « sauvé ». Tous les efforts des proches pour le ramener à la vie courante se heurtent au sentiment que les autres sont « jaloux », ou bien les agents d'une volonté ennemie et perverse de l'arracher au salut. Les sectes se vivent toujours dans une persécution qui leur permet de se barricader en elles et de procurer un surcroît d'appartenance aux membres animés de la certitude que le monde entier leur en veut par dépit, par jalousie. Les autres sont l'incarnation symbolique du mal, il convient dès lors de répondre au harcèlement dont elles se croient victimes. Le groupe en sort évidemment fortifié, toutes les tendances disruptives qui l'animent peuvent alors être projetées sur l'extérieur, le monde en est, là aussi, largement simplifié.

Provisoirement, parfois durablement, la secte procure un certain nombre de réponses, une stabilisation du rapport au monde, un apaisement des angoisses. Le problème est alors celui du libre arbitre et de la possibilité de se retirer sans dommage du groupe. Si tel est le cas, si les portes sont ouvertes, si aucune pression morale ou physique ne s'exerce à l'encontre du jeune, et s'il entend rester en son sein, la situation sans doute est douloureuse pour les parents, mais elle ne prête guère à discussion dans une société démocratique.

*La délinquance :* La délinquance ou la violence ne sont pas seulement des activités brutales d'enrichissement personnel, elles procurent à leurs auteurs la jouissance de la transgression, un frémissement intérieur d'autant plus puissant que le risque est toujours présent de tomber sur plus fort que soi ou que la mort soit au bout du chemin. Délinquance, criminalité ou violence s'inscrivent aussi dans une quête de sensations, elles sont une manière intense de toucher le monde, fût-ce parfois par la mort de l'autre. Cette dimension d'analyse est souvent absente des approches de la délinquance. Jack Katz (1988) montre ainsi, dans sa phénoménologie de l'expérience criminelle, que l'attente de l'individu est parfois moins dans la visée de l'acte que dans l'acte lui-même qui le plonge dans une réalité forte, une « hyperréalité » (Lyng, 1993, p. 112) produisant l'exaltation de la vie dangereuse[1]. La délinquance est une forme de conduite à risque qui s'enracine sur nombre d'ambivalences : mélange de souffrance et de plaisir, de rage et de jubilation, de tension et d'apaisement. La délinquance des jeunes générations, surtout, puise à ce modèle.

La jubilation est celle du défi personnel, du frisson éprouvé à conjurer sa peur des vigiles ou de la police, de la ruse mise en œuvre pour l'exécution du vol. Dans nombre de cas, la dimension d'épreuve personnelle l'emporte sur toute autre considération. Il s'agit bien d'une volonté de transgression, d'un jeu avec les limites, une manière d'inscrire sa volonté propre dans

1. Sur cette jouissance de l'acte délictueux, voir aussi Trasher (1963, p. 68 sq.) ; Csikszentmihalyi, Rochberg-Halton (1981, p. 10 et 187).

un monde qui échappe pour l'essentiel. Le voleur qui utilise une voiture pour un rodéo avant de la détruire n'est pas en quête d'argent mais d'une démonstration personnelle. Il croit échapper à la loi commune et prendre symboliquement sa revanche sur les autres. Il éprouve un sentiment de puissance dont le renouvellement implique de se livrer à de nouvelles épreuves. Quand il est plongé au cœur de l'action il sent que la « vraie vie » est là, et non dans l'existence ordinaire. Le vol, ou la détérioration d'un objet, par exemple, exigent un moment d'intense lucidité, un temps de « perfection » dans la maîtrise de soi et le contrôle de l'environnement.

Le jeune délinquant s'expose à la répétition de ses actes en ce que leur accomplissement procure une page d'intensité d'être, l'émergence de sensations désirables, le sentiment de « vivre à fond », avant de connaître le moment de relâchement des tensions. Il n'est pas loin de ressentir ce moment de puissance et d'émerveillement qui marque la réussite de l'épreuve chez les adeptes d'activités physiques ou sportives à risque (Le Breton, 1991 ; Lyng, 1990). La satisfaction de l'avoir fait, d'avoir été à la hauteur, a un effet de renforcement identitaire, de narcissisation. La délinquance est une autre voie pour « tester ses limites », « savoir de quoi on est capable », etc., mais au lieu de s'exercer dans un affrontement personnel au monde, elle se joue dans l'affrontement à l'autre. Au lieu de défier la nature, elle défie le lien social.

Certes, le commerce des objets de consommation obtenus par contrebande, recel ou vol, le *deal* de la drogue, répond aux conditions de précarité des jeunes et aux logiques de marché qui les exclut et dont ils détournent les règles à leur profit[1].

1. Aux États-Unis, les taux de morbidité et de mortalité des jeunes par tentatives d'homicides ou homicides sont considérables. Les 12-18 ans y sont presque 2,5 fois plus sujets à être victimes que les plus de 20 ans. Les garçons y étant nettement plus impliqués comme victimes ou auteurs de ces crimes que les filles (Gardner, 1993).

Les violences à l'école, le racket à la sortie des collèges et des lycées sont des formes de rébellion contre un système qui génère l'exclusion en se révélant inapte à absorber des millions d'enfants issus de l'immigration ou de milieux populaires. Elles traduisent aussi une impossibilité radicale de s'identifier à la victime. Mais la délinquance actuelle des jeunes relève aussi de l'affrontement symbolique aux limites, ici incarnées par la police ou les vigiles des magasins. Défi, provocation à l'adresse de la société globale, comme en témoignent les rodéos automobiles avec des voitures volées, le saccage des équipements sociaux, le pillage des supermarchés, les affrontements sporadiques contre la police, la présence de « casseurs » dans les manifestations, etc. Certains larcins sont dérisoires en termes de valeur marchande, voire même inutiles, et ils sont alors jetés peu après.

Même si le *sida* est la peur dominante des jeunes les plus privilégiés socialement (notamment les étudiants) et qu'elle est en second rang chez les jeunes en situation précaire, de nombreuses études montrent que malgré les nombreuses informations reçues, les relations sexuelles non protégées demeurent importantes. Le sida est davantage perçu comme menace anonyme et collective que danger individuel. Aujourd'hui, l'efficacité relative des traitements (les effets secondaires étant souvent passés sous silence) alimente dans l'opinion le sentiment que le danger a diminué. En conséquence, la contamination tend à augmenter à nouveau. De 9,2 diagnostics positifs pour 1 000 en 1995, les chiffres descendaient régulièrement, par exemple, 7,9 en 1997 ; en 2000, ils sont remontés à 9,3. Une enquête de l'INSERM de 1994 sur les comportements des adolescents de 11 à 19 ans constate que 56 % des jeunes de cette tranche d'âge ayant des relations sexuelles déclarent ne pas utiliser de préservatif. Une enquête québécoise touchant 197 jeunes des deux sexes dans les réseaux scolaires montre que 31 % des jeunes de l'échantillon « ont eu des comportements sexuels à risque, souvent parce qu'ils faisaient confiance à leur partenaire (pour les femmes), ou parce qu'ils n'avaient pas envie d'aborder ce moyen de protection (pour les hommes) » (M. Bonnot, H. Begin, A. Ruffiot, *Frontières,* 1994, p. 35).

La connaissance du risque de contamination par le VIH n'implique aucunement l'automatisme de la protection. Dans les relations sexuelles non protégées, la prise de risque s'appuie sur le sentiment d'être moins vulnérable que les autres, de posséder une qualité d'intuition susceptible de « sentir » le danger, ou même d'être « trop jeune » pour être contaminé. Elle puise aussi dans le refus de faire confiance aux adultes ou à un discours établi, celui des médecins, des infirmières ou des travailleurs sociaux ; sur le fait que l'amour et le risque ne sauraient se dissocier, et que s'il faut être malade ou mourir, alors autant être ensemble. Elle est aussi liée aux circonstances de la rencontre : la peur du ridicule, la crainte de mettre en doute la confiance en l'autre inhérente à un tel moment, la difficulté à rompre l'enchantement par un souci qui parait alors bien mesquin se conjuguent à l'indifférence ou au sentiment personnel d'être au-dessus de ce risque ne touchant que « les autres » et qui ne saurait frapper « soi ».

Certains jeunes se croient capables d'évaluer au seul regard ou sur la « réputation » de leur partenaire sa « dangerosité » potentielle, ne doutant jamais d'eux-mêmes. L'appréciation subjective l'emporte, enracinée sur le sentiment que le partenaire témoigne par son aspect ou ses comportements d'indices manifestant clairement s'il est « à risque » ou non. La prévention est plutôt fondée sur le choix du partenaire, la confiance qu'il génère, son apparence saine, etc. Elle est alors uniquement méfiance à l'encontre de stéréotypes (l' « homosexuel », le « toxicomane », réputation d'être « à partenaires multiples »). Le jeune construit sa protection sur des croyances personnelles plus ou moins étayées sur une culture locale, il définit ainsi le pur et le dangereux. Un jugement de valeur prend le pas sur toute autre considération, et notamment la prise en compte de sa propre ambivalence et celle des autres, donnant l'impression que le monde est simple et qu'un bon raisonnement est la meilleure garantie contre l'infection. Toute-puissance de la pensée qui rassure sur les aspérités du monde et autorise le passage à l'acte.

Mais ce mode aléatoire de protection, si le jeune a plusieurs partenaires, n'est pas exempt d'une relation ambivalente, avec le risque d'un goût de la transgression qui accroît la jouissance de l'autre. C'est aussi un refus du préservatif censé diminuer le plaisir ou créer un obstacle à la fusion amoureuse. Elle se satisfait du fantasme que seules certaines pratiques sont à risque et qu'il suffit par exemple d'éviter la pénétration (ou que celle-ci demeure partielle) ou l'éjaculation dans le corps du ou de la partenaire pour être protégé (Le Breton, 2000). Plus rarement, c'est en toute connaissance de cause que l'autre entend partager par amour le sort d'un(e) partenaire sidéen ou séro-positif. Le jeu avec la mort est alors délibéré, poussant alors l'érotisme à son point ultime. Pour les homosexuels, il est sans doute aujourd'hui devenu l'une des composantes de l'identité personnelle, une manière de composer avec sa différence et son érotisme sans que les conduites soient dictées par la médecine, l'hygiène ou un souci de protection de soi vécue comme antagonique à la sexualité (Le Breton, 2000). Sans doute aussi le jeu ambivalent avec la mort n'est-il jamais tout à fait éloigné de la sexualité : « L'expérience intérieure de l'érotisme demande de celui qui la fait une sensibilité non moins grande à l'angoisse fondant l'interdit, qu'au désir menant à l'enfreindre » (Bataille, 1965, p. 43).

De nombreuses études (Plant, Plant, 1992, p. 104 sq.) montrent également que les relations sexuelles à risque ont souvent lieu lorsque les protagonistes (ou l'un d'eux) sont sous l'emprise de l'alcool ou de la drogue. L'alcoolisation affranchit des contraintes de l'identité. L'euphorie ressentie amène à minimiser le sens du risque. Les prostitué(e)s sont également enclin(e)s à l'alcool ou à la drogue pour tenir le coup lors de leur travail. L'état induit, conjugué à la fatigue, est susceptible d'amener un relâchement de conscience propice à accepter des clients des propositions dangereuses en puissance pour l'un ou l'autre.

## MASCULIN ET FÉMININ DANS LES CONDUITES À RISQUE

Les garçons sont plus touchés que les filles par les conséquences de leurs conduites à risque, avec une nette surmortalité et surmorbidité. Mais les uns et les autres usent de leur corps comme d'un objet transitionnel. Le corps est l'ancre que l'on jette dans la profondeur d'un monde que l'on ne comprend pas et où il y a énormément de vide. Une ancre qui permet d'accrocher quelque chose, de se reconstruire autour d'une solidité enfin rencontrée. Nombre d'études attestent que les garçons utilisent des moyens plus radicaux de mise en jeu de leur intégrité physique que les filles. Ils projettent leur corps contre le monde, ils se débattent dans leur quête de limite, ils forcent un chemin de sens dans leur existence en affrontant symboliquement ou réellement la mort : jeux dangereux, ivresses, vitesse sur la route en deux roues ou en voiture, suicide, délinquance, violences physiques. Ces conduites sont d'ailleurs souvent valorisées, renvoyant à une image de virilité (vitesse, ivresse, délinquance, etc.). Elles soulèvent même une dimension initiatique d'entrée dans une classe d'âge à travers les imaginaires culturels qui leur demeurent liés : ainsi de la vitesse sur la route, de la première cigarette, de l'aisance à devenir agressif, de la première ivresse, etc. Affirmation de soi à travers des comportements associés au courage, à la virilité.

Les aînés ne sont à ce propos guère en position de force pour les dissuader, ayant eux-mêmes emprunté les mêmes voies, et les poursuivant souvent bien des années après. En outre, le cinéma, les magazines renchérissent sur l'attrait de ces comportements, stigmatisant la prudence, perçue comme une pusillanimité ou une faiblesse. Aux États-Unis, les adolescents meurent deux fois plus que les adolescentes de blessures non intentionnelles (Bell, Bell, 1993, p. 170 sq.). Ils risquent deux fois plus que les filles d'être impliqués dans des situations violentes et connaissent un taux de criminalité double (Cloutier, in *Frontières,* 1994). Les filles font sensiblement plus de tentatives de suicide que les garçons, même si elles en meurent moins. Trois garçons environ se tuent pour une fille.

Les filles usent souvent de psychotropes, elles fument et recourent aux drogues, elles tendent aujourd'hui à s'alcooliser davantage, la recherche répétée d'ivresse, notamment, devient un problème. Elles intériorisent leur manque à être (maux de tête, nausées, dépressions, douleurs diffuses, pertes de conscience, spasmophilie, etc.). Les plaintes corporelles marquent l'imprégnation négative d'un corps en changement difficile à assumer, notamment dans sa sexualisation, corps défroque que l'on reconnaît mal dans sa féminité et qui réclame d'avoir mal pour éprouver son existence. Les filles sont souvent sujettes à des troubles alimentaires (anorexie, boulimie). Elles connaissent souvent des grossesses précoces les contraignant à des IVG ou à être des mères adolescentes, surtout chez celles issues d'une fratrie nombreuse, aux parents dissociés ou en conflit, souvent au chômage ou tributaires d'emplois provisoires. Leur scolarité est médiocre, leur estime d'elle-même pauvre. L'enfant qu'elles mettent au monde ou dont elles avortent est une manière de montrer malgré tout inconsciemment leur valeur, en se rattachant inconsciemment à la maternité.

Dans une belle étude, Judith Green (1997) montre comment des récits d'accidents touchant des jeunes de 7 à 11 ans participent à la construction de soi, entrent pour une large part dans la réputation des uns et des autres, aident à resserrer les frontières morales du groupe d'appartenance et à souligner les conduites appropriées. En négociant le danger advenu par la parole, les récits d'accident élaborent les manières d'être conformes tout en se mettant en valeur, notamment chez les garçons. Souvent racontés, ils célèbrent les mêmes vertus. La narration met en scène un acteur compétent, mur, courageux. Ce travail identitaire permet de se montrer sous un angle propice. Cependant, les propos diffèrent profondément selon qu'ils sont tenus par les filles ou les garçons. Ceux des filles accentuent leur responsabilité envers les autres, elles se sentent concernées par ce qui leur advenu et s'interrogent sur leur conduite. Elles disent leur chance de s'être trouvé là au bon moment pour aider la victime lors d'un accident, ou leur regret d'avoir manqué à sa prévention. Ou bien, s'agissant d'elles-mêmes, elles se reprochent d'avoir eu des comportements peu réfléchis. Elles tendent à stigmatiser les risques pris par leurs compagnes.

À l'inverse, les récits des garçons sont centrés sur le fait qu'ils n'ont pas eu froid aux yeux, qu'ils sont plus courageux que les filles ou leurs pairs en transformant l'adversité en démonstration d'excellence. Ils ont affiché leur courage par une conduite dangereuse (par exemple, faire du vélo dans la rue malgré l'interdiction parentale) et après l'accident ils n'ont pas eu peur du sang ou se sont montrés endurants à leur douleur. Les garçons sont fiers de leur indépendance d'esprit, tenant la parole de mise en garde de leurs parents comme secondaire tant qu'ils ne l'ont pas confirmée par leur expérience. Le fait d'avoir subi un accident produit déjà à leur âge l'exaltation de s'en être sortis et témoigne d'une valeur personnelle. Pourtant un dosage subtil s'exerce. Loin d'attester aux yeux des autres sa virilité naissante, celui qui multiplie les accidents, surtout s'il est un garçon, encourt la réputation d'un maladroit et d'être alors tenu en faible estime par ses pairs.

D'autres travaux, longuement commentés par Deborah Lupton (1999), montrent que la mémoire des hommes est fortement structurée par les moments où ils se sont autrefois confrontés à l'autorité des adultes. La jubilation d'avoir rompu les limites données par les lois ou d'avoir su se mettre en danger avec sang froid organisent les souvenirs les plus puissants. Le jeune garçon construit son « héroïsme » en s'opposant à toutes les formes d'autorité incarnées par les adultes (parents, police, enseignants, etc.) (Crawford, *et al.*, 1992). La mise en récit de soi au masculin s'alimente de manière privilégiée dans les moments où il s'agit de faire prévaloir son point de vue personnel sur l'autorité sociale. Là s'élabore une légende pour soi, mais aussi pour les autres, qui aiment à rappeler les anciens « exploits ».

## LES RITES ORDALIQUES

Le jeune se sent mal dans sa peau et mal dans son existence. Dans ce contexte d'une souffrance diffuse, les conduites à risque forment les épisodes d'un débat au cours duquel il cherche ses marques entre ces anciens repères et ceux qui s'annoncent, il le fait de manière brutale, sans trouver entre lui et le monde une étoffe signifiante qui lui rendrait moins rude le passage. La présence ou l'absence d'un *containing* signifiant et investi conditionne l'intensité et la durée de l'épreuve. Les autres, affectivement importants à ses yeux, ses parents, ses proches, par exemple, vont-ils réagir avec suffisamment de force, le ramener à un goût de vivre qui tend à faire défaut, étayer un narcissisme défaillant, lui donner le sentiment qu'il existe dans sa différence et n'en est pas moins aimé ?

Ces conduites sont une manière de jouer son existence contre la mort pour donner sens et valeur à sa vie. Le jeune court le risque de son corps pour retrouver sa place dans le tissu du monde. Il est dans un échange symbolique avec la mort : j'offre ma vie au risque de la mort, mais j'attends aussi, si je m'en sors, qu'elle me donne en échange ce sentiment de toute-puissance, d'exaltation qui manque à mon existence. J'accepte le risque de payer de ma vie ce moment de toute-puissance qui me donne enfin le sentiment d'exister. Mais la mort à tout moment peut réclamer son dû. Et dans l'addiction, il y a souvent un moment où la mort le réclame, comme s'il y avait une lassitude de répondre en permanence à la demande d'un surcroît de sens qui permette de continuer son chemin.

À défaut de trouver en soi le jeu de vivre, il s'agit de se jouer de la mort comme on mise une dernière carte. Certes, on peut penser que la solution n'est pas la meilleure mais c'est la seule que le jeune a trouvée, celle qui s'impose à lui à son corps défendant. À son insu, le jeu avec la mort est un pari pour exister, l'ultime moyen de maintenir le contact avec un monde qui se dérobe en partie à ses efforts. La mise en avant du corps comme ancrage entre le monde et soi est une manière de prendre chair dans un monde problématique, de s'assurer de sa valeur personnelle en n'interrogeant plus la société sous son angle symbolique, mais en investissant ce qu'elle dénie (la mort) pour y inscrire sa propre nécessité intérieure. Pour le jeune, la société a implicitement émis un jugement négatif à son encontre. Il ne se reconnaît pas ou mal dans ce qu'il en perçoit. Quant aux personnes affectivement importantes à ses yeux, elles ne le rassurent pas davantage sur la valeur de son existence. Puisque la société est disqualifiée, il interroge une autre instance, métaphysique, mais puissante : s'il réussit à échapper à la mort après avoir été un instant à son contact, une autre réponse lui est donnée, positive cette fois, celle malgré tout de sa valeur personnelle. La conduite n'est pas toujours lucide ou clairement pesée dans ses conséquences, l'inconscient y joue un rôle non négligeable.

Naître ou grandir ne suffisent plus aujourd'hui à assurer une place de plein droit à l'intérieur du lien social, il faut conquérir son droit à exister. Le jeune découvre un sens et une valeur à sa vie à travers la résolution d'une crise personnelle et non plus en se reconnaissant d'emblée dans le système de sens de sa société. Quand il cède aux conduites à risque, il sollicite la mort, au risque inconscient et symbolique de sa vie. Quand les autres modes de symbolisation ont échoué, échapper à la mort, réussir l'épreuve administrent la preuve ultime qu'une garantie règne sur son existence. L'ordalie, cette forme sauvage du destin, a émis son jugement[1]. La mort symboliquement surmontée permet de continuer à vivre sous l'éclairage d'une légitimité nouvelle. Elle favorise une intensité renouvelée du fait de vivre, elle restaure une relation au monde plus propice.

Telle est la formule de l'ordalie quand elle se transforme en une figure de l'inconscient individuel et s'impose à titre privé à un individu en crise : un pacte avec la mort pour mieux vivre. Elle cesse alors d'être un rite judiciaire inscrit dans un système culturel qui en appelle à Dieu ou aux dieux pour régler les affaires des hommes, devenant une sollicitation intime, un rite oraculaire, mais à valeur strictement personnelle. Elle dit en effet l'avenir de l'individu. Elle est une forme inconsciente d'interrogation sur le temps personnel. L'exis-

1. Pour un rappel de l'enracinement social et culturel de l'ordalie dans l'histoire ou dans d'autres sociétés humaines, nous renvoyons à Le Breton, 2000, p. 48 sq.

tence vaut-elle ou non d'être poursuivie ? À l'état sauvage dans notre société, l'ordalie est une quête de signification que le sujet subordonne, à son insu, au risque de mourir en se donnant une chance équitable de s'en sortir. En outre, la signification de l'ordalie vient après, elle sème, dans le risque non négligeable de périr, une puissance qui peut éclore ensuite pour un temps plus ou moins long, mais dont l'individu au moment de l'épreuve ne soupçonnait guère la virtualité.

Mourir ou traverser indemne l'épreuve s'enchevêtrent avec un poids égal et forment une sorte de limite initiatique que le sujet ne peut franchir sans s'en trouver peu ou prou modifié. La mise en jeu ordalique appelle structurellement un échange symbolique avec la mort pour que soit garanti le fait de vivre. On joue sa vie pour mieux la sauver. Un sentiment diffus d'élection naît de ce passage réussi aux alentours de la mort s'il relève de la décision de l'individu, même dans la pesanteur de l'événement. En revanche, si la confrontation symbolique à la mort provient d'une imposition extérieure (agression, accident, etc.), si d'autres meurent ou sont blessés, elle est un drame, un fait de violence, et provoque même en cas de survie culpabilité ou déréliction. L'ordalie implique un certain contrôle de l'individu sur les circonstances de l'épreuve, fût-il infime. Si celui-ci est le passager inactif d'une voiture ou d'un train accidenté, il est emporté passivement dans un mouvement dont il subit les conséquences sans pouvoir influer sur elles. Quelles que soient ses incidences, l'épreuve n'est pas ordalique, elle est même souvent traumatique.

Dans l'ordalie contemporaine, l'individu s'en remet à un hasard qui se transforme dès lors à ses yeux en destin. Les circonstances décident des suites de l'épreuve, avec cependant le supplément qui tient à la pugnacité de l'individu et à son désir de s'en sortir. Revenir indemne de la mise en péril de son existence, auréolé du danger traversé, apparaît comme le meilleur gage du prix qu'elle revêt alors. L'individu, à son insu le plus souvent, a sollicité une puissance surnaturelle, incernable, à laquelle il s'en remet. Il prend l'initiative de la mise en péril, avec un degré de lucidité variable selon les acteurs. Ce n'est plus la collectivité qui décide l'ordalie et la contrôle en l'inscrivant à l'intérieur d'un rituel et d'une vision du monde, elle est maintenant un acte solitaire et imprévisible dans son jaillissement. Une imputation strictement individuelle vient prendre la place d'une communauté absente, d'une efficacité symbolique que le social et le culturel échouent à mettre en œuvre et que l'entourage proche ne parvient pas davantage à relayer. L'ordalie est une réponse de l'individu à la crise qu'il traverse. Il oppose son propre défi à celui qu'il croit déceler à son encontre.

La dimension ordalique est nette, par exemple, dans les innombrables tentatives de suicide qui touchent les jeunes générations : des centaines de tentatives pour un suicide réussi. Ceux qui meurent usent en majorité de moyens radicaux, pratiquement sans appel. Des chiffres donnés par la Fondation de France indiquent 37 % de suicides par arme à feu, 26 % par pendaison, 3 % de noyades, et 14 % par ingestion de produits toxiques. Dans ces tentatives de suicide, il s'agit en effet de s'en remettre à l'imprévisible des effets des médicaments ingérés sur le métabolisme, de l'écoulement du sang, ou de la chute dans le cas d'une défenestration, ou d'une recherche délibérée de l'accident en voiture ou en deux-roues. Et cela dans l'ignorance de l'arrivée ou non des secours. Mais si le jeune en échappe, il a alors parfois le sentiment de s'être dépouillé de son ancienne peau en ayant su regarder la mort en face. L'ordalie n'existe pratiquement pas chez les personnes âgées, par exemple, où le passage à l'acte suicidaire est en principe sans rémission.

L'ordalique provoque le groupe, il produit une douloureuse émotion, il resserre les liens autour de lui par les soins ou l'attention qu'on lui prodigue alors. Tout dépend ensuite de l'attitude à son égard de ceux qui importent affectivement à ses yeux. S'ils restent indifférents, la récidive est plus brutale ou bien le comportement à risque se transforme en addiction. Au contraire, s'ils réagissent avec force, se mobilisent, témoignent de leur affection, l'échange se recrée sur une base nouvelle, certains malentendus peuvent être dissipés. C'est le cas de nombre de tentatives de suicide chez les adolescents qui peuvent ainsi souvent renouer un dialogue interrompu ou montrer pour la première fois à leurs proches qu'ils existent dans leur singularité. Le risque de mort devenant l'ultime moyen de leur quête de reconnaissance. Même s'il était seul dans la mise en danger, même si tous ignorent l'épreuve traversée, l'individu, en échappant à la mort, à travers les sensations éprouvées au contact du danger, découvre en lui-même des ressources inattendues qui lui permettent de reprendre le contrôle de son existence.

## RITES INDIVIDUELS DE PASSAGE

Sous nos yeux émergent de nouveaux rites de passage, individuels, largement répandus. Mais ils n'incarnent plus la scansion du passage de l'adolescence à l'âge d'homme, ils marquent plutôt l'accès possible à une signification enfin touchée. La question du goût de vivre domine toutes les autres dans les conduites à risque des jeunes générations. Ces jeunes cherchent à se révéler à travers une adversité créée de toutes pièces : recherche délibérée de l'épreuve, *acting out,* inattention ou maladresse dont la signification est loin d'être indifférente. Le degré de conscience qui préside au heurt avec le monde est ici indifférent, l'inconscient joue un rôle essentiel dans l'événement. Une nécessité intérieure y domine. Si l'issue est favorable, cette approche symbolique ou réelle de la mort engendre une puissance de métamorphose personnelle reconstituant le goût de vivre au moins pour un temps. Elle régénère le narcissisme personnel, restaure le sens et la valeur lorsque la société échoue dans sa fonction anthropologique de dire pourquoi l'existence vaut d'être vécue, pourquoi l'être est préférable au néant. Dans la griserie du danger ou dans l'après-coup, le jeune a le sentiment d'une mise au monde. Il est prêt à entrer dans le lien social, à devenir partenaire de l'échange.

Le rite de passage ici évoqué est éloigné de sa signification traditionnelle, en ce sens que le moment initiatique relève d'une intuition personnelle nullement préméditée par l'engagement dans la prise de risque ou le passage à l'acte. Mais au cœur de la situation ou dans l'après-coup, parfois même longtemps après, une signification dérobée vient à jour : le sentiment diffus de sa valeur personnelle, de sa légitimité à exister. L'individu retrouve son inscription dans le temps, il peut se projeter dans la durée.

Le recours à la notion de rite de passage (ou d'ordalie) ne fait donc pas l'économie d'une analyse, il exige de repenser le rite de passage dans le contexte des sociétés occidentales contemporaines. En toute rigueur, si leur point d'aboutissement est proche, leur forme diffère radicalement ici et ailleurs. Dans les sociétés traditionnelles, le rite de passage est un moment nécessaire et propice de l'entrée dans l'âge d'homme. Il construit l'accès à l'âge d'homme à travers une série d'étapes déterminées à l'avance par la tradition. Il assure la transmission sociale, jamais l'autoréférence. Il est communautaire, vécu solidairement par le groupe de pairs et s'institue toujours sous la responsabilité des aînés, jamais entre membres d'une même classe d'âge, il est un moment essentiel de la filiation. Il s'accompagne du bonheur du novice de bientôt changer de statut et d'entrer dans l'âge d'homme. Au terme des cérémonies, l'initié entre dans le groupe de son père ou de sa mère comme partenaire à part entière de l'échange, il est relié aux ancêtres. Plus jamais il ne se pose la question du sens ou de la valeur de sa vie, il se sait définitivement étayé sur le lien social. De même, ces rites de passage sont fortement sexualisés, ils consacrent l'appartenance à un sexe à travers des marques corporelles précises (circoncision, excision, scarifications, etc.) (Goguel d'Allondans, 2002).

Dans nos sociétés contemporaines, les conduites à risque sont à l'inverse de ce processus social. L'accès à une nouvelle dimension du goût de vivre n'est pas socialement construit par une série d'étapes concourant à un rituel établi sous le regard unanime de la communauté sociale. Aucune progression ne vient jalonner ces épreuves en les rendant désirables et prévisibles. Elles sont profondément solitaires. Elles s'imposent dans un contexte de déliaison sociale réel ou vécu comme tel. Elles relèvent d'actes impulsifs ou d'entreprises inconscientes de leur quête ultime, elles puisent dans la souffrance de ne pas trouver signification à son existence. La réponse apportée est souvent provisoire, insuffisante à assurer le sentiment de sa valeur personnelle. Hostile, la société met en place des structures de prévention pour juguler ces mises en danger de soi qui provoquent la douleur des parents (aux antipodes du bonheur des parents des sociétés traditionnelles). La métamorphose de soi créée par l'épreuve n'est pas transmissible aux autres et ne relève donc d'aucune mémoire collective. Ce sont en outre des conduites nées de l'impossibilité de se rejoindre, et elles provoquent infiniment plus de souffrances, plus de blessures ou de drames que de jubilation. La réussite de l'épreuve n'est jamais assurée, elle se paie lourdement. Patrick Baudry a raison de parler plutôt d' « initialisation » que d'initiation (Baudry, 1998). Loin d'être attestée par la communauté sociale, la « mutation ontologique » (M. Eliade), quand par chance elle apparaît, est strictement intime.

Parler de rite individuel de passage[1] pour les jeunes générations d'aujourd'hui revient à évoquer le recours à une forme clandestine et solitaire de symbolisation du goût de vivre. Il s'agit ici de rite individuel de passage, dans la mesure où l'acte est singulier, où il n'a de valeur que pour celui qui l'ose, où l'individu n'est pas toujours lucide sur l'objet de sa quête, et où il ne modifie en rien, s'il en réchappe, son statut social. C'est l'être même de l'homme qui est virtuellement changé (il peut ne pas l'être, et le recours ordalique se révéler un échec n'apportant pas le changement intérieur souhaité, aggravant encore la situation). Rite de passage, malgré tout, à cause de la structure anthropologique qu'il contient : la révélation d'identité, le changement ontologique poursuivi avec plus ou moins de lucidité. Rite de passage enfin, du fait de l'éminence sociologique du phénomène, sa multiplication, sous des formes éparses et individuelles. Ce sont des formes de braconnage du sens, plutôt rite intime de contrebande favorisant l'intégration sociale et le sentiment d'être garanti. Le comportement ordalique dans sa diversité infinie est une réponse douloureuse et intime aux failles culturelles et sociales. Il est une sorte d'ultime recours, une dernière chance que se donne l'individu, la chance de celui qui pense n'avoir de toute façon plus rien à perdre. Dans nos sociétés, le rite de passage est une réplique douloureuse à l'exclusion du sens.

Ces conduites appelant une relation ambiguë à la mort se rencontrent avec prédilection à ce moment de changement difficile de statut où il convient de savoir pour quelles raisons l'on vit. Le jeune recourt à un symbolisme de contrebande en

1. Sur la notion de rite individuel de passage, nous renvoyons à David Le Breton (1991, 2002). Voir également Denis Jeffrey (1998) et Thierry Goguel d'Allondans (2002).

s'infligeant des épreuves personnelles qui lui permettent de tester ses limites. Si à ce moment il n'est pas immergé au sein de structures sociales et culturelles fiables et légitimes à ses yeux, si son entourage échoue à lui servir de « contenant » lors de sa recherche de sens, alors le chemin est semé d'embûches. Plus encore, si son « intégration sociale » est loin d'être assurée, à cause de son appartenance à un « quartier d'exil », la couleur de sa peau et son échec scolaire. Les conduites à risque deviennent parfois des formes organisées d'existence à travers le *deal,* le *bizness,* la « rage » ou, sous une forme plus radicale témoignant du manque d'investissement de soi, la « blancheur », l'errance sans perspective.

Cette approche esquivée de la mort fonctionne comme une structure anthropologique. La mise à l'épreuve de soi, sur un mode individuel, est l'une des formes de cristallisation moderne de l'identité quand tout le reste se dérobe (Le Breton, 2000). Le jeune interroge métaphoriquement la mort en passant avec elle un contrat symbolique le justifiant d'exister. Nombre de ces prises de risque donnent enfin l'impression de vivre par le contact qu'elles suscitent avec le monde, les sensations provoquées, la jubilation éprouvée, l'estime de soi qu'elles mobilisent. Loin d'être purement destructrices, elles relèvent d'une expérimentation de soi, d'une recherche tâtonnante de limites. Elles engendrent la reconnaissance des pairs, le sentiment diffus d' « être un homme ». Alors que la prudence, la modération, sont rarement associées à la gratification et provoquent plutôt l'ironie. Une relation au monde plus propice se restaure. Parfois même, l'épreuve débouche sur une renaissance personnelle.

Certes, les conduites de risque ou d'ordalie ne touchent pas l'ensemble des adolescents occidentaux ; pour une majorité d'entre eux, l'entrée dans la vie s'effectue sans le recours à ces formes extrêmes de symbolisation. Les conduites à risque touchent surtout les jeunes vivant dans les grandes agglomérationstions et issus de familles traversant des difficultés relationnelles. Les structures intermédiaires entre parents et société manquent, l'école est aujourd'hui débordée par d'autres questions et les enseignants ne perçoivent pas toujours l'étendue de la souffrance de leurs élèves, ou bien ils ne disposent ni du temps ni des moyens pour leur venir en aide.

Pour les jeunes générations, les conduites à risque sont des formes de résistance à une menace identitaire, elles sont une manière ultime de maintenir une relation de sens entre le monde et soi. La souffrance est chez eux la raison d'être de ces affrontements symboliques à la mort, les conduites naissent d'un défaut d'intégration. À l'inverse, chez les adeptes des activités physiques et sportives à risque, c'est plutôt un « excès » d'intégration. Ce sont en effet des populations ayant le temps et les moyens de ces pratiques, et y cherchant un élargissement et un réenchantement de leur existence. Dans les deux cas, chez les jeunes générations en proie au mal de vivre ou chez les adeptes des activités physiques et sportives à risque, il s'agit de solliciter symboliquement la mort lors d'épreuves personnelles pour retrouver une place heureuse dans le tissu du monde, il s'agit de produire sa propre « survie » (même de manière métaphorique) pour ressentir le sentiment de sa puissance personnelle. Les conduites à risque ou les activités physiques et sportives dites également à risque sont des formes de fabrique personnelle de sens et de sacré. Nous allons voir dans les chapitres suivants les anthropologiques de ces affrontements à la limite, chez des hommes ou des femmes qui décident de leurs activités et s'y épanouissent.

# *Les passions physiques et sportives de l'« extrême »*

> « D'abord, ils décrivaient l'arrivée de la vague qui gonflait et la manière dont, avec effroi, il découvraient qu'elle était grosse et vraie. Puis ils décrivaient comment ils pivotaient et pagayaient et se redressaient et comment ça partait... Et comment alors, à ce qui semblait être une vitesse inouïe, ils filaient obliquement dans un tunnel d'eau verte... Ils lui disaient : c'est mieux que de faire l'amour. C'est beaucoup plus vif et ça n'engage pas la responsabilité et c'est plus gratifiant parce que l'homme est seul. »
>
> Per Olov Enquist, *Récits du temps des révoltes ajournées*, Paris, Critérion, 1992.

## L'ENGOUEMENT SOCIAL POUR LES ACTIVITÉS PHYSIQUES ET SPORTIVES À RISQUE

Les sociétés occidentales connaissent une profusion de pratiques physiques et sportives qui misent sur un engagement risqué de l'individu. Ce sont surtout des hommes qui s'engagent le plus dans ces activités, même si les femmes ne sont pas toujours en reste (Reverzy, 2001). Se « défoncer », s' « éclater », poursuivre un effort au-delà de ses forces, malgré l'épuisement, la faim, le froid, l'indécision ou la peur, ne pas céder à l'attraction irrésistible de s'abandonner, sentir enfin le monde battre en soi, le toucher de ses mains, de tout son corps, deviennent des nécessités intérieures pour nombre d'Occidentaux. Des épreuves de toutes sortes voient le jour dont le fil conducteur réside dans les efforts qu'elles exigent et l'éventualité de l'accident qu'elles sollicitent. On traverse les mers à la nage, à la rame, en planche à voile, sur des « skis » avec un équipement de survie à la traîne ; on descend les fleuves en raft, en canoë, en kayak, si possible dans les lieux inaccessibles, avec des rapides et des chutes qui pimentent l'action et soudent le groupe ; on parcourt les déserts à pied, en ULM, en voiture, à cheval, en moto, en camion, voire même avec des vélos aménagés ; on grimpe les sommets à plusieurs, en équipe d'entreprise, en solo, à mains nues, avec ou sans oxygène, en toutes saisons, sachant cependant que l'hiver octroie le meilleur rendement symbolique, surtout s'il s'agit d'une face nord, en cordée de malades, de personnes ayant un handicap physique ou sensoriel ; on enchaîne les escalades dans le temps le plus bref ; on accède au sommet pour se lancer en parapente, en deltaplane, en ski extrême, en monoski, en surf... On marche, on court, on chevauche, on nage, on enfourche son VTT entre deux villes, deux difficultés, deux continents, pendant des semaines, des mois ou des années. On court un marathon ou trois ou quatre de suite sans repos ; on rallie le pôle en ULM, à pied, en traîneau, en ski de fond ; on s'enfonce dans les jungles en canoë, en radeau, avec une machette et une trousse à pharmacie à la recherche des « derniers hommes sauvages » ou pour refaire aujourd'hui une marche ou une navigation fluviale de conquistadores du XVIe siècle, revivre l'exploration de l'Amazone ou de telle rivière d'Asie...

Rafting, canyoning, trekking, escalades, parapentes, etc., se développent en activités de loisirs réguliers ou de vacances. Les triathlons connaissent un large succès et durcissent encore leurs conditions. Les longues courses sur route ou en montagnes passionnent les amateurs. Les forêts ou les parois de montagnes se couvrent de « parcours-aventure » où l'on passe à quelques mètres du sol d'une difficulté à une autre, de ponts de singe à des poutres, des étriers, des échelles de corde, etc. Ailleurs se multiplient les *via ferrata* (parcours le long de parois équipées de câbles, de mains courantes). Parallèlement, le nombre des victimes ou des blessés secourus en montagne ou en mer ne cessent de s'accroître, provoquant parfois de vives polémiques quand ces pratiques mises en œuvre en toute ignorance des conditions du milieu mettent en danger l'existence des sauveteurs ou des autres usagers de ces espaces[1].

Les années 1980 connaissent un développement des raids d'endurance. Depuis 1995, on compte environ 500 raids mêlant l' « aventure » à la « nature » lors de compétition, par équipes, dont 170 en France. En 2000, 60 000 Français étaient au départ de ces épreuves (*L'Express,* 4 mai 2000). Le Paris-Dakar des débuts en est un exemple, mais surtout le Camel Trophy, qui se déroule chaque année dans un lieu différent, toujours dans un cadre exotique à souhait donnant à une poignée d'hommes le sentiment de la guerre et de l'opération commando. Le Raid Gauloise, créé en 1989, propose à 40 équipes de 5 personnes, dont une femme, une épreuve d'une dizaine de jours dans des conditions proches de celles de la survie : départ en parachute, marche-orientation, remontée de rivières en kayak, raft. « Définir le Raid, écrit son concepteur, c'est simple, une immersion totale dans la nature. Un départ, une arrivée. 400 km environ en huit jours et les moins bons en douze. Il s'agit donc de se déplacer le plus vite possible avec ses seuls moyens physiques. Un parcours de trappeurs, mais des trappeurs qui ne chassent pas, qui

1. À Chamonix, par exemple, à certaines périodes de pointe les hélicoptères de secours sortent une vingtaine de fois par jour.

ne pêchent pas. Quand on a envie d'échapper à la vie civilisée, de se retrouver au contact d'une nature vraie et encore mieux dans certains lieux inexplorés, c'est l'idéal » (*Les Nouveaux Aventuriers,* n° 7). La montagne n'est pas en reste et propose ses innombrables épreuves. Par exemple, le Grand Défi, une course de 500 km à skis, hors piste, dans les Dolomites.

Dans les années 1970, une série de pratiques naissent et se diffusent à une large échelle, dessinant un halo réuni sous le label généreux de la « glisse ». Au-delà du goût du risque, ces pratiques renouvellent les activités sportives traditionnelles, débordent leur cadre en privilégiant l'autonomie, les sensations, l'absence de contraintes, le look, etc. (Loret, 1996). De nouveaux matériaux dérivés du pétrole (polyuréthane, polypropylène, ABS, PVC, etc.) permettent la création d'engins légers et fiables, susceptibles de se prêter à l'action du vent, de l'air, de l'eau, des vagues, des pentes, de la terre, en donnant aux pratiquants un sentiment mêlé de souplesse et de maîtrise. Leur petite taille, leur maniabilité, leur prix plutôt modeste (au moins pour le bas de gamme) ont favorisé l'essor de ces pratiques et rallié les sensibilités collectives. En rupture avec les activités physiques et sportives fondées sur l'entraînement, la discipline, la compétition, elles sont individuelles et valorisent le plaisir (le *fun*), les émotions, les sensations, l'esthétisme des mouvements. La glisse est un affrontement de l'homme aux éléments : l'eau, l'air, la terre. Corps à corps avec le monde à travers la médiation d'un engin (surf, planche, skate...) qui sollicite une virtuosité, un sens pratique pour répondre en un instant à l'événement. Ces activités sont le fruit d'un apprentissage et ensuite d'une vigilance qui n'a guère le loisir de se relâcher sous peine de chute ou de dessalage. Elles entretiennent une relation symbolique ou réelle au risque. À un certain niveau de pratique, la glisse impose en effet de ne pas avoir froid aux yeux et de parier sur sa capacité intime à maintenir sa performance sur la ligne de crête.

Les activités de glisse ont profondément modifié le paysage des stations de sports d'hiver : monoski, snowboard, télémark, skwal, la concurrence est rude, soulevant de multiples conflits d'usage et de civilité, notamment avec les skieurs. Le hors piste est un espace de prédilection de ces pratiques, souvent dans la méconnaissance des lieux ou des conditions météorologiques, et donc des risques encourus pour soi ou pour les autres. Volonté de vitesse sans avoir à rendre de compte et de laisser une trace de soi sur la neige. Mais comme le dit un pratiquant : « Si on enlève tous les risques, ça ne m'intéresse plus. » Le risque, en la matière, est cependant moins pour soi que pour les autres. Des avalanches sont ainsi souvent déclenchées qui peuvent être mortelles pour ceux qui se trouvent sur son passage. Outre les nombreuses collisions quand les pistes sont prises en travers. Pour la seule Haute-Savoie, chaque année meurent entre 50 et 60 personnes tandis que l'on dénombre autour de 600 blessés. Qu'il s'agisse de la mer ou de la montagne, la question est en effet toujours soulevée du risque pour soi par ignorance du milieu, trop haute opinion de sa compétence personnelle, ou modifications météorologiques inattendues. Le risque est aussi pour les sauveteurs, qui mettent leur vie en danger sans l'avoir choisi. Un autre exemple : en 1994, le mauvais temps provoque le naufrage d'une poignée de concurrents du Vendée Globe Challenge, mettant les sauveteurs australiens à rude épreuve. Les protestations des autorités australiennes sont vives. Mais la question de la sécurité des autres (les sauveteurs) est inéluctable, elle soulève en effet de sérieux dilemmes éthiques. Qu'il s'agisse de la montagne ou de la mer. Si la légitimité de mettre son existence délibérément en danger ne renvoie qu'à la conscience du sportif, il ne peut guère occulter sa responsabilité personnelle s'il est en difficulté et entraîne pour le sauver des individus qui sont peut-être critiques envers ce type de risque.

Les agences de voyage entrent dans la même logique et

répondent à une demande grandissante, elles projettent des séjours d'aventure, des expéditions en 4x4 dans les déserts, les jungles, des séjours de rafting ou de canyoning au bout du monde. Il peut s'agir aussi d'aller visiter les bidonvilles de Rio ou de Soweto, en toute tranquillité, mais avec le frisson de participer à un imaginaire social du danger, ou de se rendre dans des pays où la sécurité des touristes est en permanence menacée. Des voyageurs en quête de sensations fortes y vont même seuls. Des agences surfent sur les zones de guerre en proposant à leurs clients de visiter les lignes de front, comme cette agence italienne lors de la guerre en Bosnie-Herzégovine. Des activités physiques extrêmes sont également au programme : descentes dans des volcans, ski au Cachemire, alpinisme en haute montagne, etc.

Les sommets douloureusement gravis au cours des années 1950 et 1960 sont aujourd'hui escaladés par d'innombrables touristes qui paient des guides pour y accéder, avec le minimum de préparation. La haute montagne est devenue l'un des hauts lieux du tourisme d'aventure. L'Everest est maintenant une destination prisée par de riches amateurs dont les compétences en matière d'alpinisme sont des plus réduites. Des guides leur ouvrent la voie et assurent la logistique, tandis que les sherpas portent les bagages ou les soutiennent en cas de défaillance. En 1985, un riche texan de 55 ans, sans expérience de la montagne, atteignait ainsi le sommet et créait un précédent que bien d'autres agences allaient exploiter. Aujourd'hui, une profusion d'expéditions commerciales accèdent aux abords de l'Everest sans toujours parvenir au sommet. Hall, l'un des grimpeurs qui trouva la mort lors de la tragédie du printemps 1996, offrait cette année-là un tour sur l'Everest pour la somme de 65 000 $, prix ne prenant pas en compte l'acheminement au Népal, ni l'équipement. De 1990 à 1996, il emmena ainsi 39 clients au sommet. Son agence éditait la publicité suivante : « Vous avez soif d'aventure (...) Adventure Consultant est spécialisé dans l'organisation d'ascensions guidées. Nous savons comment transformer vos rêves en réalité et nous vous aidons à atteindre votre but. Nous ne vous tirerons pas en haut d'une montagne, il faudra faire beaucoup d'efforts par vous-même, mais nous nous engageons à vous offrir les meilleures chances de succès et de sécurité pendant votre aventure (...) Nous vous invitons à escalader la montagne de votre choix avec nous. »[1] Survivant du drame, Jon Krakauer, client de Hall, se souvient que ces compagnons n'avaient guère fait plus d'une ou deux escalades dans l'année, se contentant surtout d'entretenir leur forme dans des salles de sport. « Nous étions un ramassis hétéroclite de joueurs de troisième division qui auraient obtenu grâce à un pot-de-vin de participer au championnat du monde » (p. 109).

## L'APPEL DES FORÊTS

L'espace naturel des sociétés occidentales est reformulé par la culture, converti à un usage policé, enfoui sous le milieu technique (aménagement du territoire, urbanisation, déboisement, etc.). Mais à l'évidence, la sécurité ainsi gagnée attise plutôt l'appel des forêts, la tentation sauvage de se perdre un

1. Ce paragraphe s'appuie surtout sur l'ouvrage de Jon Krakauer, *Tragédie à l'Everest,* Presses de la Cité, 1998, p. 47. J. Krakauer, survivant d'un drame qui tua ce jour là huit alpinistes, analyse avec émotion les circonstances de la tragédie, il pointe la concurrence entre les deux cordées commerciales de Fisher et de Hall, deux grimpeurs de qualité, l'encombrement des flancs du sommet par plusieurs expéditions, la négligence d'un guide de l'une des équipes, le relâchement incroyable de la rigueur dont Hall faisait toujours preuve, le mauvais état de santé de Fischer, arrivé très en retard sur le sommet, etc. La tempête qui fit tant de ravage ce jour-là était loin d'être exceptionnelle.

temps dans le *wilderness* (ou dans un cadre fonctionnant pour un temps comme simulacre de *wilderness*). Le goût pour les expériences associées à la « survie » se nourrit d'une volonté de corps à corps avec la nature où les seules ressources personnelles sont en jeu. L'individualisme contemporain trouve là un terrain d'élection : l'homme seul face à l'immensité du monde, dans un rapport de rivalité, dans l'épuration de toutes les contraintes de la vie en société, de toutes ses facilités aussi, ce qui, dès lors, confère une valeur à chaque action entreprise. Dans le dépouillement du contact homme-monde, tout ce qui passe par le corps est valorisé (l'endurance, l'effort, la lutte, la sueur, la force, etc.). Les expériences de survie reposent sur l'imaginaire de la disparition du social après une catastrophe quelconque réduisant les « survivants » à leurs seules ressources, à la merci des éléments. Elles poussent à son terme la figure individualiste. On réduit le lien social à une poignée de copains résolus et unis dans les mêmes efforts pour s'en sortir ; un petit groupe chaleureux et solidaire remplace l'anonymat et la contrainte sociale. Rêve d'un autre monde, élémentaire, où la place de chacun est marquée par sa tâche, où la reconnaissance de l'un par l'autre est au fondement du quotidien.

Paradoxe, dans le monde contemporain, la survie se prépare longuement, elle possède ses spécialistes, ses agences. Toute une industrie se met une place. On ne l'improvise plus. Elle est même promue l' « un des beaux arts » *(Survie Magazine).* Ce qui reste de la « survie » consiste dans le dépouillement, les rigueurs que l'on s'inflige, l'intensité de l'épreuve physique. On joue à survivre, mais sans angoisse, sans tensions, et pour quelques jours, bien secondé par les « spécialistes ». On ne compte plus les guides, les annuaires, les traités de survie, les conseils que prodiguent à ce sujet de nombreuses rubriques dans les revues ou les journaux. L'abonnement donne d'ailleurs droit à une remise substantielle à qui achète une lampe de poche, une boussole, un couteau propre à de nombreux usages. Le « catalogue » de l'aventure, envoyé gratuitement, propose une « sélection d'équipement et d'accessoires de qualité spécialement conçus pour l'aventure ». Le lecteur se voit déjà sous les oripeaux de l'aventurier, on lui dispense généreusement les signes qu'il s'approprie avec complaisance ; il ne lui reste plus qu'à fabriquer une cabane dans le fond de son jardin et à rêver de l'apocalypse nucléaire qui lui permettrait d'user sans ridicule ses instruments, en prouvant ainsi à ses voisins combien il était un homme ingénieux et méconnu avant la catastrophe. L'inévitable 4x4 permet à d'autres de se donner le change. Les expériences de « survie » sont aussi des tentatives de conjurer la peur de l'avenir en mimant la catastrophe, c'est-à-dire en en prenant l'initiative. Transposition sur une autre scène qui autorise une reprise en main de la peur. Pour que l'efficacité symbolique joue à ce niveau, il n'est pas obligatoire que la peur soit clairement verbalisée. Elle est dans l'air du temps et cela suffit.

## LE GOÛT DU RISQUE

Le risque, que nos institutions combattent dans de multiples domaines, procure une opportunité de vivre à contre-courant, de se ressourcer, d'échapper à l'ennui en intensifiant le rapport à l'instant grâce à une activité enivrante. Il est un chemin de traverse pour reprendre en main une existence livrée au doute, au chaos ou à la monotonie. Quand il est choisi dans une activité de loisir ou de défi personnel, le risque devient une sorte de réserve où puiser du sens, rehausser un goût de vivre défaillant, ou parfois même le retrouver après l'avoir perdu. Il touche des individus socialement bien intégrés mais qui s'efforcent de fuir la routine, la sécurité d'une existence trop bien réglée. La recherche du risque alimente une intensité d'être qui fait défaut d'ordinaire. Elle est une manière de briser les routines d'existence, une « tentative d'évasion », pour reprendre le terme de Cohen et Taylor (1992).

Les sensations ainsi éprouvées sont d'autant plus sollicitées que le reste de la vie est pacifié, tranquille, protégé de tout aléa, l'existence familiale et professionnelle à l'abri de toute crainte. Le discours profane sur les activités physiques et sportives à risque insiste sur le manque de stimulation pesant sur des existences surprotégées par les règlements sociaux et le confort technique de nos sociétés. Pour jouir d'un enracinement plus sensible à sa vie personnelle et « retrouver ses sensations », le jeu avec le risque est une voie royale. Ces activités délibérées sont revendiquées par leurs adeptes comme étant une manière de retrouver le sel de la vie dans une société trop sécurisante. Ces loisirs créent une longue jubilation et s'opposent au désenchantement du monde. Ils provoquent des moments de pleine jouissance où l'individu met entre parenthèses une existence qui tend ailleurs à lui échapper ; il s'immerge dans un goût de vivre qui lui fait défaut le reste du temps, notamment dans son exercice professionnel. Le jeu symbolique avec la mort dans une impression de contrôle et de professionnalité est une manière de réenchanter l'existence, de susciter régulièrement un frisson qui rappelle le prix de la vie. Le recours aux sensations fortes des pratiques physiques à risque apparaît comme une respiration nécessaire de l'individu venant à la rescousse de l'étouffement du soi.

Ces activités touchent surtout des représentants des classes moyennes ou privilégiées : cadres, enseignants, ingénieurs, professions libérales, etc., qui disposent de moyens et de temps et souffrent de n'employer leur capacité que sur un registre professionnel restreint. L'impossibilité de se réaliser dans un travail sans surprise où l'homme demeure extérieur à sa tâche, limité dans ses initiatives, entraîne la nécessité de trouver ailleurs des plages de temps où donner enfin sa pleine mesure dans une dimension de l'existence où domine le jeu. Au cœur de l'action, face aux éléments, livré à ses seules ressources, l'individu éprouve le sentiment de s'appartenir enfin, de donner la meilleure version de lui-même.

Évoquant la pratique de l'alpinisme, Mitchell note que « la montagne offre une arène alternative au monde du travail et des autres expériences de vie routinière, une arène où une expression de soi significative et créative peut être réellement rencontrée » (Mitchell, 1993, p. 190). Les alpinistes se recrutent essentiellement dans les classes sociales qui ignorent la crainte du lendemain et connaissent des conditions confortables d'existence. Mitchell résume ainsi une enquête sur les alpinistes affiliés à un club californien : « Le membre typique du Montaineering Training Commitee est un homme, blanc, d'environ 38 ans. Il est marié depuis neuf ans et a un enfant. Il est diplômé et employé dans certains domaines des sciences physiques appliquées, le plus souvent comme ingénieur en électronique ou dans l'aérospatiale... Il vient d'un milieu stable, bénéficie d'une bonne sécurité économique, il jouit d'une bonne éducation et d'un poste de prestige. »

La monotonie, le calme plat d'une intégration sociale sans souci entraînent une recherche opiniâtre de stimulation, de sensation qui restituent son épaisseur au rapport au monde (Klausner, 1968). Des activités aléatoires, comme le jeu, permettent par l'intermédiaire de l'argent de se plonger dans une situation d'indécision haletante, de reprendre ainsi un contrôle effectif sur sa vie. L'individu se sent de nouveau exister dans le frémissement de l'attente, le suspense de l'issue. D'autres recours sont également valorisés : escalade, descente de rivières, parachutisme, ou activités du même ordre (Palmer, 1973). S. Lyng observe également que la pratique de la chute libre touche des catégories sociales bénéficiant de bonnes situations, ou, à l'inverse, de rares ouvriers, mais dépourvus de charges de famille et qui y consacrent l'essentiel de leurs loisirs (Lyng, 1990, p. 876). Manière d'échapper provisoirement à une intégration sociale qui mutile une part des possibilités et autorise une mise en jeu inédite et passionnée de soi. À l'inverse, l'homme qui vit dans la précarité, qui risque journellement son existence, n'est guère enclin à débusquer encore le danger dans ses loisirs.

La projection tranquille dans la longue durée, avec l'assurance que rien jamais ne changera, que toute surprise est exclue, suscite l'ennui, l'indifférence, à défaut d'obstacles donnant à l'individu l'occasion de se mesurer à son existence. La rançon possible de la sécurité est la fadeur. À l'inverse, l'établissement dans le précaire est rarement une condition heureuse, investie avec passion par les acteurs, il engendre la peur, l'anxiété devant l'irruption du nouveau. Ainsi, ni la sécurité ni le risque ne sont pour l'homme des modes d'épanouissement et de création de soi. Le goût de vivre est une dialectique entre risque et sécurité, entre capacité de se mettre en question, de se surprendre, de s'inventer, et celle de rester fidèle à l'essentiel de ses valeurs ou de ses structures d'identité. Parce que nous avons la possibilité de la perdre, l'existence est digne de valeur (Le Breton, 1991).

Les sociétés humaines disposent ainsi de gisements de sens permettant aux acteurs de se ressourcer, les uns dans le goût du risque, en quête d'une intensité d'être qui leur manque, les autres dans une durée tranquille les reposant des menaces éventuelles ou du stress qui pèsent sur eux d'ordinaire. L'existence individuelle connaît alors un mouvement pendulaire allant du risque à la sécurité, ouvrant ainsi à l'homme l'ensemble des dimensions de son rapport potentiel au monde. Ces engagements passionnés dans les activités sportives à risque sont des variations sur le thème du *memento mori*. Elles sollicitent les mêmes réserves virtuelles de goût de vivre, elles relancent ce sentiment plein d'exister. Ce rappel de précarité est une leçon de bonheur à être là, à murmurer contre la fatalité d'une existence certes promise à la mort, mais demain est un autre jour.

Les aléas du milieu où l'adepte exerce son intelligence et sa résistance nourrissent l'intensité d'être là. L'entreprise n'est pas nécessairement assurée à son commencement, l'individu n'est pas tout à fait sûr de tenir la progression entièrement sous son contrôle. Cette marge diffuse donne son sel à l'action en lui permettant de tirer son épingle du jeu. Ces pratiques qui se nourrissent de la dépense, de l'excès, se déroulent souvent sur le fil du rasoir, elles forgent la détermination du caractère en le soumettant à rude épreuve. En ce sens, elles poursuivent un idéal d'ascèse, de contrôle de soi. Elles éprouvent les nerfs de l'individu, l'arrachent à sa quiétude habituelle. L'effort poursuivi bouleverse les repères sensoriels, fait vaciller les assises physiques, implique un corps à corps durable avec la douleur musculaire.

L'incertitude recherchée n'est jamais un aveuglement ; même si elle contient en puissance l'échec et la mort, elle doit demeurer en permanence dans la sphère de contrôle dont l'individu se sent capable. Elle est la matière du risque, mais aussi la garantie d'une intensité, d'un engagement où il est loisible de donner ainsi le meilleur de soi, sans équivoque, en ayant le sentiment de construire chaque seconde de sa progression. « À vaincre sans péril on triomphe sans gloire », dit Corneille. L'adage vaut également dans les activités physiques et sportives où toutes les ressources de l'homme sont employées à le mettre en valeur à ses propres yeux ou à ceux des autres. Jean-Louis Étienne s'élance en ski vers le pôle Nord, à 800 km de là, en tirant son traîneau. « Franchir les 20 premiers mètres de la banquise me prend dix interminables minutes, c'est effrayant. Il fait 47 °C au-dessous de zéro. Le chaos glacial dépasse tout ce que j'avais imaginé. C'est un labyrinthe hérissé de blocs cisaillés, brusquement dressés, adossés les uns contre les autres dans un désordre infernal. » Ce parcours initial d'une trentaine de kilomètres d'*ice-shelf* (bouclier de glace) est particulièrement éprouvant. Jean-Louis Étienne aurait pu se faire déposer en avion au-delà de ce mur de glace, mais par intégrité il a décidé de fournir les efforts nécessaires. Il a envisagé un instant les critiques : « Il n'est pas parti du bon endroit, il a évité les premiers miles, les plus difficiles, sa conquête du pôle est celle d'un tricheur. »[1] Mais le pôle en lui-même importe moins qu'une manière de l'atteindre qui soit la plus exigeante possible. Et plus tard, d'ailleurs, Jean-Louis Étienne publiera un autre ouvrage au titre explicite : *Le pôle intérieur* (2000). Le parcours à effectuer est moins géographique que symbolique ; au regard des techniques modernes, il n'a guère de sens par son coût exorbitant, son aspect dérisoire, la mise en valeur d'un individu dont il a fonction d'assurer la promotion médiatique. Rarement une fin en soi, le risque est l'ingrédient qui ajoute une valeur à l'action. Il est souvent posé comme éducateur, révélateur de soi. Se connaître par l'épreuve de vérité de ces pratiques, réclamant courage et habileté, consiste à s'approprier la part insaisissable de soi que seules les circonstances dévoilent en mettant l'homme à nu devant les éléments.

En se livrant à une activité exigeante, l'individu est en quête d'une sorte d'évaluation radicale de ce qu'il est. Si la voie était ouverte à l'alpiniste sans la moindre difficulté, il ne s'élancerait pas avec autant d'exaltation. Le tapis rouge dressé vers le sommet est sans intérêt, sinon pour des débutants cantonnés dans l'imaginaire du risque. La sécurité absolue et la simple nécessité d'enchaîner un geste puis un autre pour parvenir au but ne créerait aucune rupture entre les routines du

1. Jean-Louis Étienne, *Le marcheur du Pôle,* Paris, J'ai lu, 1986, p. 7 sq.

quotidien et le loisir où il s'agit justement de se sentir pleinement exister, d'être plongé dans une situation difficile qui exige de démêler une issue en exerçant toute sa sagacité et sa résistance. Parce que l'incertitude est une caution à la valeur d'une entreprise, et une source ultérieure de jouissance pour la mémoire, elle est maintenue à leur insu par les pratiquants comme une crainte répétée qui apporte son sel à l'action. Mitchell commente une recherche menée par un psychosociologue lors de l'American Everest Expedition en 1963 : « Quand les grimpeurs n'étaient pas sous un stress extrême, ils se débrouillaient pour que le flux d'informations qu'ils se donnaient entre eux aboutisse au maximum d'incertitude sur l'issue de l'ascension... Si l'environnement pourvoyait plutôt des traits défavorables, quand tempête ou avalanche menaçaient, que l'approvisionnement diminuait ou que les obstacles paraissaient insurmontables, alors les relations entre les grimpeurs tendaient à être optimistes. » À l'inverse, s'ils ne manquaient de rien, si le soleil brillait, si la neige était ferme, « leur propos et leurs journaux de marche tendaient au pessimisme » (Mitchell, 1983, p. 160).

L'engouement pris à l'épreuve est modulé par l'imprévu qui préside à son accomplissement, sauf sans doute lors des derniers efforts. Si trop d'aléas dissipent la jouissance de l'action, le confort de la progression en diminue le prix. Pour ceux qui la connaissent, il faut mériter de la montagne (ou de la mer, ou du désert, ou de la jungle), l'affronter à armes égales, c'est-à-dire sans être soumis à ses excès, face auxquels l'homme n'est que fétu de paille, ni à ses indulgences qui donnent le sentiment que n'importe qui serait arrivé à ses fins.

L'incertitude est ce qui donne une valeur redoublée aux « premières », à l'entreprise de celui qui découvre des obstacles que nul n'avait jamais affrontés et qui chemine dans l'ignorance des prochaines difficultés, mais qui arrive néanmoins au terme de l'action. Les loisirs à risque soulèvent ainsi la surenchère de leur pratique afin d'en maintenir la fraîcheur et renouveler des sensations que l'habitude finit par émousser. En changeant de lieu, de matériel, de partenaires, de style, en prenant d'autres risques, l'individu s'emploie à maintenir la pleine intensité de son émotion. Le surfer cherche des vagues plus hautes, plus puissantes, il essaie des figures de plus en plus périlleuses. Le navigateur emprunte des routes turbulentes plutôt que de suivre les chemins balisés. L'alpiniste multiplie délibérément les sources d'incertitude pour pimenter le parcours. Il se prive d'un matériel qui rendrait son ascension trop routinière, ou bien il s'attaque en plein hiver à une face nord.

Un même sommet est ainsi escaladé par toutes les voies qu'il recèle, dans une quête passionnée de nouveauté, il est ensuite gravi avec un matériel de plus en plus dépouillé, en choisissant même parfois des conditions climatiques difficiles. Lionel Terray dit bien le sentiment de banalité créé par l'accoutumance et cette quête d'inédit, afin de frayer à nouveau avec l'exaltation. De retour avec Lachenal d'une ascension de la Walker, il fait une sorte de bilan de ses activités : « Nous avions confusément ressenti l'impression que nous étions arrivés à un degré d'entraînement, de perfection technique et de force morale trop élevés pour que les montagnes des Alpes puissent encore nous offrir un terrain de jeu suffisant pour satisfaire l'idéal de constant dépassement de soi-même et de recherche d'une aventure grandiose que nous poursuivions » (Terray, 1961, p. 296). Plus un passage soulève de difficultés tout en restant à la mesure de l'homme, plus les adeptes des activités à risque se sentent renforcés et heureux de les avoir affrontées, plus elles laissent une trace de mémoire, et plus est puissant leur rendement symbolique en termes identitaires.

## LES ACTIVITÉS TRADITIONNELLES À RISQUE

Toute pratique sportive ou de loisir implique une part de risque, ne serait-ce qu'en poussant plus loin les gestes et les efforts de la vie quotidienne. La chute, la collision, l'épuisement, le malaise, sont à l'origine de nombreux accidents. Les activités dites « à risque », comme la plongée sous-marine, l'alpinisme, le parapente, etc., n'ont pas le monopole des accidents mais elles sollicitent en profondeur le goût du risque et nous nous attarderons sur quelques-unes d'entre elles. Elles impliquent une incertitude relative, la confrontation à un danger réel ou imaginaire mettant en jeu l'intégrité physique. La descente d'une rivière en raft, d'un canyon en se laissant glisser le long de la paroi, la traversée d'un désert à pied ou en voiture, une course de survie, le parapente, la plongée sous-marine, l'alpinisme, etc., toutes ces activités confrontent à l'imprévu de l'environnement, au changement des conditions météorologiques, aux défauts possibles de la machine, à la défaillance personnelle, à la mauvaise appréciation d'une information cruciale. Elles ne se donnent pas dans un déroulement déjà envisagé. Le doute les accompagne et octroie toute souveraineté à l'homme dans son effort pour en conserver le contrôle. Elles procurent ainsi la jubilation de l'instant.

*L'alpinisme,* par exemple, noue une relation étroite et permanente au danger : éboulis, chutes de pierre, de fragments de glace, avalanche, effondrement, foudre, épuisement physique, altitude, peur, distraction qui amène à la perte d'un gant ou d'un autre instrument nécessaire à la protection de soi, etc. Une vigilance de tout instant s'impose à l'égard de la météorologie, du matériel, de la nature de la paroi, de la forme physique du grimpeur. Ce dernier sait que le danger est inhérent à sa pratique, et toute sa vigilance s'attache à le pressentir, à le contenir. S'il donne le sel de l'activité, il n'est pas en principe recherché pour lui-même, sauf pour certains voués à la surenchère, créant ou entretenant de cette manière une notoriété réclamant une dose régulière d'exploits. De manière assez récurrente, les adeptes des activités à risque tendent à minimiser les dangers, ils occultent l'exposition délibérée à une série de périls qui ne laissent parfois aucune chance tels que les changements météorologiques inattendus. « En montagne, il y a l'impondérable, qui peut amener les plus graves tragédies, mais cela ne veut pas dire que les alpinistes soient voués à la mort, écrit Walter Bonatti. Au contraire, ils aiment la vie avec enthousiasme ; ils aiment se rapprocher le plus possible de la nature, effleurer au besoin les limites extrêmes de cette même vie pour savourer la volupté de vivre intensément. »[1]

Horreur et attrait du vide, ambivalence propre au sentiment du sacré. À la différence du sauteur de benji ou du parachutiste, l'alpiniste est dans une relation ambiguë au risque. Retenu contre la paroi, agrippé à ses prises, le vide le cerne, il construit son ascension en se battant simultanément contre l'un et l'autre. La jouissance est alors de dominer la mort, de s'en arracher à chaque mouvement réussi, de sentir sa force de décision propre en face du vide. Le grimpeur médite chaque geste, pèse chaque décision sans ignorer le prix à payer en cas d'erreur, il anticipe nombre de menaces auxquels il se prépare à faire face, et envisage éventuellement la retraite s'il pressent l'échec. « S'exposer aux dangers n'est pas le but du jeu, mais cela fait partie du jeu, écrit Lionel Terray. Seule une longue expérience, par la multitude d'observations qu'elle permet d'emmagasiner non seulement dans la mémoire, mais dans le subconscient, donne à certains alpinistes la possibilité d'ac-

1. Walter Bonatti, *À mes montagnes,* Paris, Arthaud, 1962, p. 11.

quérir une sorte d'instinct leur permettant de détecter le danger, et surtout d'apprécier l'importance de sa menace. »[1] Mais le meilleur grimpeur se laisse lui aussi surprendre, comme l'atteste l'histoire de l'alpinisme. La pratique n'est donc pas abandon à l'inconnu, mais corps-à-corps à un risque calculé, à une situation étudiée, sachant qu'à tout moment de redoutables imprévus peuvent déjouer même les compétences les plus aguerries. La nature ne peut donner que ce qu'elle a. Le jeu avec la limite trouve alors son accomplissement. Si l'inattendu n'était pas tapi dans l'ombre, l'activité perdrait son sel. Mais il arrive que son surgissement ne soit plus à la mesure de l'homme.

Pourtant, la montagne (ou la mer, le désert, la forêt, etc.) n'est pas un détour tortueux pour se mettre à mort ; si elle n'est pas sans danger, il ne s'agit en aucun cas de s'y livrer sans préparation. La tâche consiste à évaluer les périls, à maîtriser l'aléa tant qu'il demeure à portée, et sinon à rebrousser chemin au plus vite vers un abri sûr en situation de menace. Au-delà de 8 000 m, outre le revirement des conditions météorologiques qui rend impossible ou difficile la descente, tout grimpeur, même le plus expérimenté court le risque de l'anoxie, de l'œdème cérébral ou pulmonaire. L'intelligence est amenuisée par la raréfaction de l'oxygène rendant propice le développement d'un imaginaire déconnecté du réel. Les alpinistes savent que la mort peut frapper à tout moment, mais ils s'efforcent de mettre la chance de leur côté. En conclusion de son ouvrage (1998), J. Krakauer écrit : « J'ai toujours su que la montagne comportait de grands risques. Le danger me semblait faire partie du jeu et je considérais que, sans lui, l'escalade ne différait pas de centaines d'autres divertissements insignifiants. Il était passionnant de se frotter à l'énigme de la

1. Lionel Terray, *Les conquérants de l'inutile,* Paris, Gallimard, 1961, p 102 ; R. G., Jr Mitchell, *Mountain experience, op. cit.*, p. 156 sq.

mort, de jeter un regard de l'autre côté de la frontière interdite. Si la montagne était une expérience passionnante, ce n'était pas en dépit de ses périls, mais grâce à eux » (p. 280).

*La tauromachie :* En Navarre, en Andalousie, en Vieille Castille des *encierros* perdurent encore, consistant à lâcher des taureaux sur un parcours déterminé au cœur de la ville menant à l'arène. Courir le plus longtemps possible devant les bêtes, en évitant de recevoir des coups de corne ou d'être piétiné à leur passage, jouir du frisson de l'avoir osé et témoigner aux autres de sa force de caractère. La foule massée derrière les barrières encourage ceux qui ne craignent pas de défier le sort. Chaque année à Pampelune, par exemple, des accidents marquent les fêtes taurines, provoquant des blessures et même des décès[1].

Dans l'arène, la tauromachie ne saurait se limiter à la seule jouissance d'affronter l'éventualité de mourir, elle est aussi passion des gestes, élégance des attitudes, relation particulière à l'animal, fidélité à une tradition qui légitime une pratique perçue ailleurs comme barbare, à défaut des outils culturels pour en comprendre le sens. La tauromachie est une technique du corps qui obéit à une dramaturgie connue autant des spectateurs que des *toreros*. La mise à mort du taureau implique en contrepartie l'éventualité que le matador soit tué ou blessé[2]. Et la foule ne tolère pas la boucherie, elle veut le combat singulier. Même si seul l'homme a choisi le duel et s'il est en position favorable quant à l'issue du combat, elle attend la mise en évidence du courage qui rétablit l'équilibre en faveur

1. Bartolommé Bennasar, *Histoire de la tauromachie,* Paris, Desjonquères, 1993, p. 178.

2. « Tous les matadors reçoivent des coups de corne dangereux, douloureux, et bien près d'être fatals, tôt ou tard dans leur carrière... Joselito reçut seulement trois graves coups de cornes, et tua quinze cent cinquante sept taureaux. Mais au quatrième coups de corne, il fut tué » (Ernest Hemingway, *Mort dans l'après-midi,* Paris, Gallimard, 1938, p. 255).

du taureau. La foule incite le *torero* à ne pas se dérober derrière des facilités, et à assumer pleinement sa condition fragile qui fait l'honneur du dénouement s'il s'est montré à la hauteur de ses attentes. Elle intervient parfois pour le rappeler à ses devoirs et l'inciter à plus d'audace. « Il est entendu que les spectateurs ne seront pleinement satisfaits que si le matador a assumé toute la part de "gauche" ou – bu le poison à l'ultime goutte mortelle près – avant que l'estocade, en foudre sacramentellement justicière, réinstaure le droit. »[1] Pour B. Bennasar, si la tauromachie a changé au cours de l'histoire, une seule chose demeure : le risque de mort éprouvé par le *torero.* « La mort, j'y pense de plus en plus », déclare Jesulin, jeune matador qui vient de battre, en effectuant 153 corridas, le record de El Cordobès de 121 corridas dans la même année. « Au début j'en jouais. Maintenant, j'ai de plus en plus peur. Mais j'éprouve des plaisirs que personne ne peut éprouver. » Pour Jesulin, « l'amour propre et l'orgueil sont plus forts que la douleur » (*Libération,* octobre 1994).

*La course automobile :* « À l'évidence, écrit Philippe Domecq, l'asphalte tourne autour de la mort, comme la bête meurtrière autour du torero. Avec cette différence qui résume la logique éminemment moderne du sport automobile : il s'agit de frôler la mort en contrôlant la vitesse mécanique, qui a remplacé la fureur animal » (Domecq, 2000, p. 103). En 1994, lors du grand prix de San Marin à Imola, Ayrton Senna, trois fois champion du monde, percute à 300 km/h un mur de béton après une défaillance de sa voiture (Lins, 2002). La veille, un jeune pilote autrichien s'était tué lors d'une séance d'essai et un autre pilote brésilien avait échappé d'un souffle à la mort. La même course vit d'ailleurs

1. Michel Leiris, *Miroir de la tauromachie,* Paris, Fata Morgana, 1981, p. 63.

un pneu projeté dans la foule blesser quatre personnes après une collision et plusieurs mécaniciens fauchés dans un stand par une voiture dont une roue avait été mal fixée. Des modifications du règlement par la FIFA, comme la suppression de certaines facilités techniques, venaient de rendre les pilotes plus vulnérables.

La mort avait épargné la Formule 1 depuis l'accident d'Elio de Angelis en 1986, même si elle continuait à hanter les circuits et imprégnait l'imaginaire des pilotes. Longtemps les accidents, les décès, ont accompagné les courses automobiles de leur ombre insistante. « À l'époque des Nuvolari, Varzi et autres Lang, observe Philippe Lambert, les accidents graves succédaient aux accidents graves. Les coureurs automobiles montaient en piste comme les aviateurs de la Grande Guerre s'en allaient affronter la mitraille. En chevaliers, en héros peut-être. La mort était crainte, mais acceptée, banale, mais valorisée. On finissait rarement une carrière indemne. »[1]

« Chaque fois qu'un pilote démarre, nous le considérons comme une perte sèche », disait alors Enzo Ferrari. Plusieurs champions sont morts en course, comme Ascari (1955), Jim Clark (1968), Rindt (1970), Villeneuve et Paletti (1982), Senna (1994). Les spectateurs ne sont pas épargnés. On se souvient du terrible accident des 24 heures du Mans en 1955, où la Mercedès de Pierre Levegh, après une collision avec une autre voiture, explose dans la foule en faisant plus de quatre-vingt morts. Mais peu à peu les normes de sécurité s'imposent sur les circuits, limitant les accidents et contenant la mort. « Bien entendu, la Formule 1 demeure un sport à risque, écrit P. Lambert. Mais il faut savoir d'où l'on vient. La référence a un passé parsemé de drames majeurs montre qu'elle a emprunté, à sa façon, les chemins qui devaient

1. Philippe Lambert, *Pilotes de Formule 1. L'épreuve des hommes,* Paris, Calmann-Lévy, 1993, p. 23.

conduire le monde occidental vers une société sécuritaire » (p. 47).

La lutte contre la peur ou le stress, l'intensité physique exigée par l'épreuve exacerbent les conduites affectives, à la limite de la régression. Les ritualités intimes, quasi obsessionnelles de certains pilotes, la concentration par la prière ou la méditation, etc., sont autant de manière de repousser l'angoisse en se cherchant une protection occulte. Toute course automobile développe une incroyable « guerre des nerfs ». Si certains pilotes se sentent renforcés dans le sentiment de leur « étoffe » personnelle après un accident, d'autres ont du mal à s'en remettre, leur combativité est émoussée. Lorsque la peur l'envahit, le pilote suspend l'engagement au cœur du risque qui impose les meilleurs, ceux qui se tiennent toujours à la limite de l'accident. En 1985, malgré une extraordinaire carrière, N. Lauda renonce finalement à la compétition par crainte de la fameuse course en trop : « Il serait insensé de courir en me suggérant pour ainsi dire machinalement que c'est chose raisonnable. »[1]

Un champion comme Olivier Gendebien, entre 1952 et 1962, voit périr 49 de ses compagnons. Longtemps la course automobile a composé avec la mort, aujourd'hui elle maintient une part de son enracinement dans les imaginaires collectifs grâce au pressentiment de l'accident que chaque course fait miroiter. D'où les ralentis complaisants livrés par les images télévisées. En ce sens, la Formule 1 est probablement un miroir de l'ambivalence sociale devant la catastrophe : un mélange d'horreur et d'attraction. Lewis Mumford suggère sans précautions oratoires l'une des sources de fascination pour le sport automobile, la raison de l'empressement du public dans les virages dangereux : « Dans les formes récentes de sport de foule, écrit-il, comme les cour-

1. N. Lauda, *300 à l'heure,* Paris, Laffont, 1986, p. 129.

ses d'avions ou d'autos, l'excitation du spectacle est intensifiée par la promesse de mort immédiate ou de blessure mortelle. Le cri d'horreur qui s'échappe de la foule quand la voiture se retourne ou que l'aéroplane s'écrase sur le sol n'est pas un cri de surprise, mais d'attente satisfaite. »[1]

## L'ILLUSION DE CONTRÔLE

À travers une série d'expérimentations, une étude de Ellen J. Langer (1975) sur l'illusion de contrôle oppose les situations d'habileté, de réflexion, dont le terme est relativement prévisible et soumis aux ressources de l'acteur à des situations de hasard dont le dénouement échappe à toute compétence ou volonté propre. Dans le premier cas, l'individu possède un contrôle effectif sur les circonstances de l'action, en revanche, dans le second cas nulle intelligence particulière ne saurait modifier une issue tout entière sous la dépendance de données contingentes. L'illusion de contrôle naît lorsque le fait de hasard est perçu comme relevant de l'adresse personnelle et que l'attente du succès est disproportionnée en regard des chances réelles d'obtenir le résultat désiré.

Cette illusion est entretenue à son insu chez l'individu lorsque l'initiative lui est laissée, par exemple dans une loterie. Choisir entre deux billets plutôt que de s'en voir imposer un, suivre un joueur qui parait sûr de lui plutôt qu'un autre hésitant ou nerveux, prendre un numéro familier plutôt qu'un numéro indifférent, être coutumier au jeu ou y participer pour la première fois, ces circonstances donnent à l'individu le

1. Lewis Mumford, *Technique et civilisation,* Paris, Seuil, 1950, p. 261-264.

sentiment d'être en partie maître de la situation. Même s'il s'agit d'un jeu de hasard, la possibilité du choix, la familiarité des données, la position active, l'exemple d'un participant assuré de ses mises, etc., sont autant de faits qui accroissent l'illusion de contrôle. L'individu ne subit plus passivement une conjoncture dont l'issue s'impose à lui, il a le sentiment d'y introduire une part de sa décision. La chance parait un effet de sa compétence propre à choisir un billet de loterie ou à jeter les dés d'une certaine manière. L'attente du succès est alors majorée. Le joueur qui souhaite atteindre un petit chiffre lance doucement les dés ou plus fermement s'il souhaite que sorte un chiffre plus élevé[1]. La croyance en la concentration, en l'efficacité du geste, en la sagacité du choix, procure l'impression de construire sa chance grâce à son habileté. Elle fait agir le joueur comme si une situation de hasard sollicitait adresse ou réflexion.

Dans la relation personnelle au risque, la tendance est nette de se voir au-delà des moyennes et des normes, et donc de se sentir moins vulnérable que les autres face à telle ou telle menace. L'individu se considère comme meilleur conducteur que la moyenne, plus assuré d'aller vers le grand âge que les autres, etc. (Slovic *et al.,* 1980). La probabilité d'être malade ou victime d'un accident est nettement sous-estimée. Plongé malgré tout dans ces situations, l'individu évalue sa chance de s'en tirer comme supérieure à celle de ses pairs. Il ne se voit pas mourir là où les autres sont à ses yeux beaucoup plus exposés. Si on lui présente des récits d'accidents, il pense que lui aurait réussi à conjurer l'imprévisible.

À son insu, l'estime de soi contraint l'individu à majorer ses aptitudes au regard des autres, à rabaisser leur performance ou leur chance pour s'octroyer la meilleure part ou ne pas

1. J. M. Henslin, « Craps and magic », *American Journal of Sociology,* n° 73, 1967, p. 316-330.

faire mauvaise figure. Manière aussi de se rassurer, de conjurer les menaces qui pèsent sur soi. Si les échecs sont attribués à des facteurs extérieurs, indépendants de la volonté de l'individu, les succès sont souvent versés sur le compte des qualités personnelles. À l'inverse, s'agissant de juger la prestation des autres, les échecs sont couramment perçus comme la conséquence d'un manque de qualités propres, et les succès comme le fait de circonstances favorables (Millstein, *in* Bell, Bell, 1993, p. 58 sq.).

Les activités physiques et sportives à risque, par les ressources physiques et morales qu'elles mettent en œuvre, sont propices à développer chez leurs adeptes un sentiment de toute puissance, de contrôle de l'événement, dans la conviction de posséder l'étoffe. Que celle-ci soit largement une construction imaginaire et qu'elle n'est donc jamais acquise une fois pour toutes, ils le découvrent souvent un jour avec horreur. Mais dès lors que l'individu est le maître d'œuvre de son action, il sous-estime sa vulnérabilité. Au volant de sa voiture, par exemple, il pense ne guère courir de risque, sinon à cause des autres. Si les sources éventuelles de dangers demeurent relativement sous son contrôle, une forte tendance à l'optimisme s'exprime.

## LA RECHERCHE D'ÉMOTION

La saisissement éprouvé par l'individu quand il est immergé dans son activité et contrôle le risque encouru, ce mélange de peur et d'ivresse a donné lieu à différentes formulations. Le langage des pratiquants use à foison du terme *fun,* devenu motif de ralliement pour des loisirs disparates. Celui de la « recherche d'adrénaline » revient également comme une litanie. M. Csikszentmihalyi (1975 ; Mitchell, 1983) parle de *flow experience,* traduisant ainsi ce sentiment de fusion, de flux, d'unité avec le monde. Samuel Z. Klausner souligne plutôt le *stress-seeking* (la recherche de tension) (1968 ; Farberow, 1980, p. 375 sq.). Nous-mêmes nous avons préféré évoquer une fabrication intime du sacré à travers l'épreuve ou l'activité pour traduire ce sentiment d'alliance avec le monde, de rare intensité d'être (Le Breton, 1991).

Les activités physiques et sportives de l'extrême (sauf pour les « nouveaux aventuriers », largement sponsorisés et toujours en quête d'un bon cadrage des caméras) ne produisent aucune valeur économique, aucun profit personnel, mais elles sont fortement investies néanmoins par l'individu qui s'épanouit en les pratiquant. Elles sont des passions de l'inutile. La satisfaction demeure intime, malaisée à partager. L'activité à sa fin en elle-même dans le plaisir et l'émotion qu'elle suscite. L'alpinisme ou le deltaplane, le surf ou le parachutisme, la plongée sous marine ou le *base jump* ne produisent aucune valeur monétaire au profit immédiat du pratiquant, à moins qu'il n'en ait fait son métier ou qu'il ne soit dans un défi médiatisé. Ces loisirs trouvent une dimension sociale par ricochet, à travers l'incitation qu'ils entraînent pour les autres, ou par leurs conséquences économiques ou institutionnels. L'affrontement délibéré au danger ne renvoie à aucune récompense ultérieure, sinon à l'exaltation de « s'en être sorti », d' « avoir été à la hauteur », ou « de l'avoir échappé belle ». La seule justification à l'engagement consiste dans l'intensité de l'émotion prodiguée alors, le sentiment fort de s'y épanouir bien davantage que dans la vie quotidienne ou professionnelle. Le bonheur de l'escalade ou de la navigation est l'escalade ou la navigation. Il naît de l'action, l'issue n'est qu'un prétexte nécessaire, seul vaut le chemin pour l'atteindre. La jubilation d'avoir réussi est à la mesure des épreuves effectuées.

Saisi dans l'action, les décisions s'enchaînent une à une

avec une nécessité intérieure qu'aucun obstacle ne dérange, le temps perd de son importance. L'individu est dilué dans ses gestes, loin des soucis qui le taraudent d'ordinaire, dissolution de soi dans l'entreprise, unité avec la paroi dans l'escalade ou ses partenaires dans le jeu collectif. La *flow experience* exige bien entendu une égalité entre la force et les ressources de l'individu et le terrain sur lequel il les exerce ; si son entreprise est au-delà de sa volonté, il éprouve plutôt le sentiment d'être écrasé par les événements. Associant la créativité et jouissance, les activités physiques et sportives intenses procurent un sentiment de jubilation que majore la proximité du danger.

Les travaux de M. Zuckerman, souvent cités outre-Atlantique, s'inscrivent de manière limite dans le cadre de nos réflexions par leurs aspects psychophysiologiques. En définissant en dernière analyse la *sensation seeking* comme un trait de personnalité s'opposant à d'autres, Zuckerman manque les aspects sociaux et culturels de ces pratiques. Il les naturalise en parlant d'ailleurs de « besoin de stimulation » appuyé sur la recherche individuelle d'un niveau optimum d'activation *(optimum level of arousal)* motivant le goût de sensations nouvelles, intenses, enracinées dans la physiologie de l'individu. La prise de risque est dans ce contexte un vecteur privilégié de sensations. Zuckerman a élaboré un test psychologique *(Sensation Seeking Scale)* qui évalue quatre dimensions de la *sensation seeking* : poursuite d'aventures (activités physiques, voyages, etc.) ou d'expériences (intellectuelles ou physiques qui plongent l'acteur hors de ses repères accoutumés), la désinhibition (recherche du jeu, de vitesse, d'expériences sexuelles, alcool, drogues, etc.), la susceptibilité à l'ennui (mesure de la tolérance à la monotonie, etc.) (Zuckerman, 1979). Les modèles biologiques sont cependant impuissants à rendre compte de la signification personnelle et sociale du jeu délibéré avec le risque, comme de son évitement, dans la mesure où ils prétendent enraciner ces conduites dans la physiologie, c'est-à-dire une « nature » humaine qui ne dit pas grand-chose. Les passions du risque sont tout à fait compatibles avec un souci de prudence. Outre le fait que le goût pour le danger dans une situation peut aller de pair avec son aversion dans une autre.

Pour Samuel Z. Klausner, le *stress seeking* renvoie à une quête d'émotions fortes, de *stress* (le langage des pratiquants évoque d'ailleurs la « recherche d'adrénaline »), à travers l'exposition de soi à des situations limites marquées par la peur et l'excitation. Loin d'être toujours une situation à fuir, le *stress* devient ici, dans des circonstances voulues par l'individu, objet d'une convoitise passionnée destinée à donner une saveur accrue à l'existence. Klausner réfute à juste titre « le modèle d'équilibre de la personnalité toujours en quête d'adaptation au milieu extérieur et d'ajustement à ses conditions psychologiques internes » (Klausner, 1968, p. 138). Dans la recherche du stress, la première étape est parfois celle du vertige, de la panique qui pousse l'émotion à son terme et se traduit par le cri avant le relâchement, par exemple, du saut à l'élastique, du ski extrême, du surf du ciel, du rafting, etc. Si nombre d'individus fuient comme la peste toute situation de *stress,* d'autres, à l'inverse, aiment à s'y exposer pour jouir de la montée d'une émotion évoquée autrefois par Roger Caillois comme une « panique voluptueuse » (Caillois, 1967), qui les saisit sans partage.

L'immersion voulue au cœur de ces situations aboutit à une jouissance que l'acteur cherche à renouveler. S. Z. Klausner en donne des exemples variés, sollicitant aussi bien le domaine politique, économique (le pari d'un entrepreneur, la mise d'un joueur) que celui des activités physiques et sportives. Ces dernières abondent en illustration d'une telle quête. « En escalade ou en solo, tu vis des moments de stress intense et tu réussis à les surmonter... Même s'il n'y avait aucun transfert dans mon expérience quotidienne je continuerai à faire du solo pour le seul plaisir d'éprouver ce sentiment de liberté et les sensations uniques ou même extrêmes qui sont inhérentes à l'escalade sans système de protection », écrit une spécialiste de l'escalade en solo (Laberge, in *Frontières,* 1994). L. Bourgnon, le navigateur, évoque une traversée de l'Atlantique avec un ami sur un catamaran de série de 6 m, sans réelle préparation, sans sponsors ni médias. « Nous avons passé vingt-deux jours à descendre une piste noire sans jamais remonter, dit-il. Extraordinaire. La faim, le froid, le sommeil, peu importe. Les instants de bonheur total étaient plus forts : parfois, c'est tellement beau que tu cries sous la lune, à surfer sur les vagues, tu as des frissons partout. Il n'y a plus rien à expliquer. Fallait le faire. C'est tout » (*Le Nouveau Quotidien,* 13 décembre 1992).

L'association du risque et du stress à un épanouissement personnel implique la libre décision de s'y soumettre ou non, une esquive de la routine par la plongée dans une situation intense mais désirée. Pour que la peur ou l'incertitude engendrent une émotion goûtée par l'individu, les conditions de son surgissement doivent provenir d'un choix délibéré, susciter l'occasion d'une créativité, d'une heureuse frénésie. Si l'acteur est emporté contre son gré dans une situation périlleuse ou insolite, l'émotion ressentie mobilise l'angoisse, le stress au sens classique du terme défini par Hans Selye : elle est insupportable et source d'anxiété (Selye, 1975)[1]. L'émotion née de la prise de risque relève tout autant d'un engagement purement symbolique. Le comédien avant d'entrer en scène, l'auteur devant la page blanche ou dans l'attente anxieuse des réactions de ses lecteurs, l'ingénieur bâtissant un nouveau prototype ou l'étudiant angoissé avant la soutenance de sa thèse, connaissent les uns et les autres un bouleversement intérieur provoqué par le pari intellectuel qu'ils engagent.

1. J. Bernard (1968) distingue le *stress* pénible ou *dys-stress,* et le *stress* qui procure une stimulation agréable, ou *eustress.*

Le jeu, par exemple, n'est pas seulement une forme symbolique, il touche les racines du rapport au monde. Par la succession contradictoire des émotions liées à la mise effectuée, il porte à une sorte de pureté théorique cette passion de sentir le monde pour se confirmer son existence. « Vous me demandez pourquoi je joue, c'est le frisson, dit un parieur. Je sais que le jeu est pipé et que je n'ai pas une chance, mais quand je mise mon argent sur un cheval et que j'entend son nom prononcé par le speaker, mon cœur bat très vite. Je sais que je suis vivant » (Newman, 1972, p. 206). I. Kusyszyn suggère que pour le joueur le *cogito* de Descartes devient un « je joue donc je suis » (Kusyszyn, *in* Farberow, 1980, p. 303). Dostoïevski dit bien le risque encouru par le joueur possédé par le jeu et qui ne voit plus seulement sur la table une somme d'argent. « Fébrilement, j'avançai ce tas sur "rouge" et je repris soudain conscience. Ce fut la seule fois durant mon jeu de cette soirée que le froid de la peur me saisit et fit trembler mes membres. En une seconde, je sentis avec terreur et je compris ce que signifiait perdre : j'avais misé ma vie ! »[1]

La multiplication des activités physiques et sportives à risque va de pair avec une société où, pour un nombre grandissant d'individus, vivre ne suffit plus, il faut se *sentir* exister. Pour eux, l'évidence tranquille de vivre n'est pas acquise, il faut éprouver le fait de son existence.

## DE LA SOUFFRANCE À L' « EXTASE »

Si la « nature extrême » est convertie en adversité délibérément choisie pour ses rigueurs, le corps est l'autre pièce maîtresse de ce jeu subtil avec les limites et la mort. Dans ces

1. F. Dostoïevski, *Le joueur*, Paris, Le Livre de poche, p. 189.

activités le corps est posé en *alter ego,* objet privilégié de l'attention de l'acteur qui en fait son affaire, lui impose la performance à la recherche du supplément d'âme (de sens) qui lui manque. Métamorphosé en adversaire plus ou moins têtu à réduire, voire même à dresser pour lui faire rendre gorge de la performance, il est instrument à surveiller dans ses réactions, ses paramètres, afin de contrer ses défaillances. La détermination du caractère, l'ambivalence, la souffrance se donnent libre cours lors de cette quête. Au cours de cette lutte intime, et souvent féroce, il s'agit de contraindre son corps[1], sachant que plus il sera marqué à l'arrivée plus significative sera la plus value attendue de l'événement. « Mon moteur, écrit d'Aboville, ce n'est pas le muscle, mais l'acharnement, la haine du découragement qu'il faut combattre jour après jour, heure après heure, coup d'aviron après coup d'aviron, le prochain étant toujours plus pénible que le précédent. Je suis un résistant de la guerre que je m'invente. L'ennemi, c'est moi avec mes faiblesses physiques, ma tentation de l'abandon. »[2]

Un échange se joue avec la mort, dont le corps est la monnaie d'échange et la nature le lieu d'entente, une mort tenue en respect de façon distante, métaphoriquement sollicitée plutôt que réellement approchée, même si parfois elle fait irruption sur la scène et rappelle qu'elle est la seule limite qu'on ne franchit jamais. Les propos recueillis insistent sur la douleur de l'épreuve, sur la folle tentation de laisser tomber : « J'en ai bavé », « c'était la défonce », « c'était terrible, mais je recommencerai », « c'était super, mais c'était dur », « c'est la défonce totale. » Le « c'était dur » est une parole de retrouvailles avec le sens. L. de la Ferrière met deux mois et demi à

1. La formule n'est pas dualiste. Dans le discours courant des adeptes de l'extrême, le corps est dissocié du sujet comme un mauvais objet qui freine la volonté de performance. Nous avons analysé l'imaginaire du corps *alter ego* dans Le Breton (1990, chap. 8).

2. Gérard d'Aboville, *op. cit.,* p. 76.

relier à pied et à skis le pôle Sud à la côte Est du continent antarctique, en terre Adélie, à 3 000 km : Dans les premiers jours de son cheminement, elle dit : « C'est infernal, c'est impossible. J'ai fait 3 km en dix heures et il m'en reste 2 800. Il fait – 45 °C. Je ne sens plus mes pieds. » Carla Perrotti traverse un immense bassin salé à 3 700 m d'altitude, elle parcourt ainsi 170 km en une centaine d'heures : « J'ai les lèvres sèches et couvertes d'herpès. Chaque respiration est une brûlure.. (j'ai) les mains couvertes de craquelures et d'abrasions. La moindre besogne manuelle entraîne des blessures qui ne se cicatrisent plus... C'est la réverbération du soleil qui est implacable. Heureusement, mes jambes travaillent en toute autonomie. Il se produit en moi un dédoublement. La moitié de mon corps est engourdi et souffre de mille problèmes. L'autre moitié fonctionne comme un automate. Je réussis à marcher sept ou huit heures par jour » (*No limits world,* n° 3, 1992). Le surfeur Laird Hamilton déclare : « Je suis une vieille planche de surf réparée de partout. J'ai cessé de compter les points de suture qu'on m'a fait depuis qu'ils ont dépassé le millier » (*Le Monde,* 16 février 2001). Deux jeunes vététistes qui entament un tour du monde revendiquent « l'envie de s'exposer, de connaître le froid, la faim, l'effort soutenu, l'insécurité ». Une famille passionnée de raids se souvient de sa première expérience : « Trois nuits dans le froid, la pluie, la boue, la douleur de l'effort, l'absence de sommeil, un coéquipier qui craque : ça nous a plu toute suite » (*L'Express,* 4 mai 2000).

S'élargir aux limites de la nature pour que la chair du monde et celle du corps ne souffrent d'aucune séparation, mais en même temps rester soi même (d'où la valorisation de l'effort, de l'endurance, du défi). Concilier dans le même mouvement la limite et l'outrepassement, ce qui garantit de la folie. Télescoper le temps et l'espace, en restant un homme d'aujourd'hui, appelé à rentrer quelques semaines plus tard dans son appartement parisien. Être à la fois dehors et dedans. Se jouer symboliquement des limites. Les tentatives laissent entrevoir un effort pour se mêler au monde à travers une volonté opiniâtre, en atteignant ainsi de façon provisoire un état d'équilibre ou l'homme du « moi, je... » se sent immergé dans le cosmos. Mais il est hors de question qu'il ne revienne pas au « moi, je... ». Le chemin tracé au sein de la souffrance, éventuellement dans un jeu serré ou symbolique avec la mort, mène au cœur du monde. Dans l'extrême de l'épuisement, l'extase est atteinte qui mêle l'individu au monde, lui octroie une royauté provisoire, mais dont le souvenir ne le lâchera plus en lui rappelant l'éminence de sa valeur personnelle, son privilège intime d'avoir su se rendre digne d'un tel moment.

## LA FABRICATION DU SENS

Dans leurs versions les plus difficiles, les activités à risque mobilisent une forte présence d'un individu se jouant avec volupté d'une situation qui engendre l'effroi chez un autre. Si elles étaient imposées par les circonstances, objet d'une contrainte, elles mobiliseraient l'angoisse et seraient vécues dramatiquement. Mais l'individu a choisi lui-même de vivre ainsi un moment à la limite. De quelque manière, pour jouir de la situation, pour fabriquer du sens et susciter le sacré, l'acteur doit se concevoir comme le maître d'œuvre de son activité. L'épreuve de vérité qui naît du jeu sur le fil du rasoir est une manière élégante de mettre un instant l'existence à la hauteur de la mort pour s'emparer d'une parcelle de sa puissance.

À la condition de s'exposer au risque de perdre la vie, l'individu chasse sur le territoire de la mort et rapporte le trophée qui est non pas un objet, mais une durée imprégnée d'intensité d'être, portant en elle le rappel insistant du moment où, par son courage ou son initiative, il a réussi à lui arracher la garantie d'une vie désormais bien trempée. De tels moments sont rares, surtout lorsqu'ils se donnent avec force à la manière d'une brève transe profane qui les saisit et les emporte dans un formidable sentiment d'élation, ou de puissance. La mort est une sorte de réserve sauvage à la portée de l'individu qui souhaite se remettre au monde en acceptant les conséquences du pari. Nous reviendrons sur la radicalité de ces épreuves qui appellent l'image de l'ordalie.

Ces expériences numineuses, détachées pourtant de toutes références explicitement religieuses se rencontrent abondamment dans le domaine des activités physiques à risque. Ces dernières contribuent à la banalisation de ces états de conscience qui relevaient jusqu'alors d'une ascèse, d'une quête spirituelle, d'un retrait hors du monde. Michel Hulin n'en parle guère dans son ouvrage sur la mystique sauvage, mais ces expériences courantes de *fun,* de *flow,* cette immersion heureuse dans l'action relèvent bien de son constat : « Ce qui était jusqu'ici réputé dépendre d'un extrême effort de l'homme sur lui-même, d'un dépouillement radical et, au-delà même de ce dépouillement, d'une grâce imprévisible par principe, tombe dans le domaine de l'agencé, du calculable, presque du garantissable. »[1] « La seconde excessive de l'essentiel » (René Char) se dispense à foison, elle n'est plus une élection, une grâce particulière, mais la simple disposition à se jeter d'une grue ou d'un pont, soutenu par un élastique. Le monde de la glisse, par exemple, adossé au risque et au corps-à-corps avec la nature, évoque sans relâche cette alliance du pratiquant et du monde sous les auspices de la

1. Michel Hulin, *La mystique sauvage,* Paris, PUF, 1993, p. 100.

sensation. Par l'arrachement constant à la mort ou au vide, l'action érotise l'angoisse, le triomphe sur la mort dissipe la peur et provoque le plaisir.

Certaines activités physiques ou sportives se développent dans une recherche passionnée d'émotions, de sensations, de contacts physiques, elles aboutissent à des moments de jouissance intense, procurent un sentiment de fusion avec le monde. Mais sans le sentiment du risque encouru, la pratique n'aurait pas cette saveur ni ce retentissement sur la vie personnelle. Loin d'un enracinement religieux, ces moments peuvent s'analyser comme de brèves transes profanes, une forme nouvelle et éminemment moderne de « mystique sauvage » (Michel Hulin), relevant de la stricte intimité. « L'effort et la concentration, la tension, le stress résultant de l'angoisse accroissent la vigilance du grimpeur pour son environnement immédiat ou plus lointain ; il voit les choses sous un jour neuf, avec cette clarté et cette mobilité spirituelle qui s'obtiennent également par la méditation, par exemple. Mais surtout il se voit lui-même dans une relation nouvelle avec le monde, il entre pour un temps limité dans un état de voyance élargie », écrit l'alpiniste R. Messner[1].

L'individu pénètre une autre épaisseur de son existence, ou plutôt une autre dimension de la réalité, il se sent passionnément vivant, il éprouve la sensation d'accéder au réel pour la première fois de son existence. « La vraie vie est ailleurs », disait Rimbaud, elle n'est plus dans les activités quotidiennes reléguées dans un monde sans relief, elle est tangible, là, dans l'activité désirée, dans ce pacte sans cesse réitéré avec la mort qui porte l'existence à son point d'émerveillement. Stephen Lyng, qui a mené une étude ethnographique sur un groupe de parachutistes, décrit leur sentiment d'entrer soudain dans une « hyperréalité » (1992,

1. R. Messner, *Le 7$^{e}$ degré,* Paris, Arthaud, 1975, p. 14.

p. 112), un monde infiniment vivant qui projette le reste de l'existence dans la grisaille. « Quand nous montons dans l'avion pour atteindre l'altitude du saut, je me sens toujours effrayé et étonné de m'imposer une activité aussi bizarre – sauter d'un avion, dit un pratiquant. Mais dès que je suis hors de l'avion, c'est comme pénétrer dans une autre dimension. Soudain tout semble très réel. La chute libre est bien plus réelle que l'existence quotidienne » (Lyng, 1990, p. 861). Plusieurs études montrent en effet que l'anxiété, forte avant le saut, disparaît ensuite, avant de revenir au moment du déploiement du parachute qui rompt brutalement la sensation agréable d'apesanteur. Ce passage délicat est le moment le plus dangereux de la pratique si le parachutiste a trop attendu avant de déclencher l'ouverture. À l'inverse, la jouissance est à son comble lors de la chute libre et décline ensuite. L'anxiété rebondit au moment de l'arrivée au sol, mais le sentiment de plénitude et l'enthousiasme reprennent ensuite le dessus (Klausner, 1968, p. 153 sq. ; Delk, p. 396 sq.). L'intensité émotionnelle de la pratique répond à une dialectique de peur et de jouissance qui modifie leur rapport aux différentes phases du saut. Pourtant, dans la population de Delk, 71 % des parachutistes ayant plus de trois ans de pratique avaient vécu au moins un accident.

En 1964, lors d'une escalade dans les Rocheuses, Rob Schultheis lâche prise et chute sur une étroite corniche, à quelques centimètres du vide. La situation parait sans issue. Désespéré, il s'élance néanmoins avec le sentiment de danser sur le fil du rasoir, s'extirpe de la corniche. Il s'agrippe à des pierres qui s'effondrent aussitôt après son passage. Il ressent la perfection de ses mouvements et évoque à cet égard l'image d'un léopard des neiges. « Ce que je suis en train de faire, me disais-je, est absolument impossible. Je ne peux faire cela. Mais j'ai la grâce... L'être que je devins sur le Neva était la meilleure version possible de moi-même, la personne que j'aurai dû être tout au long de ma vie. »[1] Schultheis assimile son expérience à celle d'un *satori,* et son ouvrage raconte sa quête éperdue de retrouver les mêmes sensations. Un imaginaire de la fusion est ainsi fréquemment exprimé, adossé à la souffrance personnelle lors de l'affrontement aux éléments[2]. « C'est fini, écrit Jean-Louis Étienne, je vais parvenir au pôle Nord en skiant sur un rêve. Il m'invite vers lui, des larmes d'épuisement me brûlent les yeux, mais quelle félicité ! C'est une nuit incomparable, à l'extrémité du merveilleux, divine » (p. 212). François Morin, adepte de l'escalade en solo, formule cette exaltation : « Le fait d'arriver au sommet d'une montagne, plusieurs personnes vous le diront, on a l'impression de sentir la proximité de Dieu ou de quelque chose de ce genre. Même si je ne suis pas croyant, j'ai souvent dit, ma foi, si Dieu existe, il n'est pas loin d'ici » (Laberge, in *Frontières,* 1994, p. 33).

S'interrogeant sur la passion qui anime les alpinistes, Lionel Terray avoue : « le goût de cette joie énorme qui grouille dans nos cœurs, nous pénètre jusqu'à la dernière fibre lorsque après avoir longtemps louvoyé aux frontières de la mort, nous pouvons à nouveau étreindre la vie à plein bras »[3]. Plus loin, commentant une escalade difficile en compagnie de Louis Lachenal, alors qu'il se trouve dans une mauvaise passe, il constate dans l'après-coup : « Ma personnalité m'a quitté, les liens avec la terre se sont rompus : je n'ai plus ni peur ni

1. R. Schultheis, *Cimes. Extase et sports de l'extrême,* Paris, Albin Michel, 1988, p. 19-20. Cet ouvrage, mince sur le plan de l'analyse, s'efforce de manière très réductrice à une comparaison de cet état avec le chamanisme. Il vaut surtout comme exemple biographique et significatif de la recherche du *flow.*

2. Sur cette passion de la douleur adossée à la prise de risque, cf. D. Le Breton (1995, chap. 6).

3. Lionel Terray, *Les conquérants de l'inutile,* Paris, Gallimard, 1961, p. 85.

fatigue ; je me sens comme porté par les airs, je suis invisible, rien ne peut m'arrêter, j'ai atteint cette ivresse, cette dématérialisation que cherche le skieur sur la neige, l'aviateur dans le ciel, le plongeur sur le tremplin » (p. 172).

En 1988, lors des essais de qualification du Grand Prix de Monaco en Formule 1, Ayrton Senna connaît un moment d'exception : « C'était comme si ma voiture était montée sur des rails. À un moment, j'ai eu l'impression que le circuit n'était plus un circuit, seulement un tunnel de glissières. Je me suis alors, d'un seul coup, rendu compte que j'avais dépassé la limite que je considérais comme raisonnable. J'avais atteint un niveau inconnu... Cette constatation m'a mis mal à l'aise, même si j'avais éprouvé une sensation merveilleuse que je n'avais jamais ressenti auparavant. J'avais réussi à faire ce que j'aime le plus : aller loin, plus loin, encore plus loin. » Cette bouffée de sens qui envahit d'un trait l'individu lui procure la puissance intérieure, un sentiment d'élargissement de soi qui confine à l'extase. Jamais il n'avait atteint une telle légitimité, une telle plénitude qui semble justifier en un instant tout son cheminement antérieur, balayant passé et futur dans la culmination de l'instant. Exister est porté à son incandescence.

Ce moment d'illumination, de transe, ne s'enracine pas dans une ferveur religieuse, il relève du sacré, c'est-à-dire d'une fabrication intime de sens (Le Breton, 2000). L'expérience est celle d'une transfiguration personnelle induite par l'épuisement ou le dérèglement des sens, le sentiment brutal et infiniment fort d'une fusion avec le monde, d'une conscience modifiée qui devient alors un moment fort de la mémoire et que l'acteur s'efforce souvent de retrouver. Si les récits mythologiques de l'aventure à la Conrad ou à la London font bel et bien partie du passé, nous assistons aujourd'hui à une appropriation individuelle de ce mythe à travers un foisonnement de petits récits.

## LA RECHERCHE DU VERTIGE

La poursuite et surtout la domination du vertige animent une série d'activités physiques et sportives fortement appréciées depuis le courant des années 1980 (Le Breton, 1991 ; Lyng, 1990). Ces entreprises impliquent une relation imaginaire et réelle au risque. Elles témoignent d'un affrontement symbolique à la mort qui leur donne une force, voire même une valeur d'épreuve personnelle propre à relancer le goût de vivre : vitesse, glisse, saut dans le vide, quête de sensations intenses... Ces modes organisés du vertige sont pluriels, ce sont des formes souvent ludiques de relation au monde où l'acteur se met imaginairement ou réellement en danger, atteint le déséquilibre convoité, en abandonnant les prises qui le reliaient solidement au sol. En brouillant les repères, en créant le désordre provisoire des coordonnées qui permettent de s'orienter au fil du quotidien, il s'agit de « s'éclater » ; terme explicite d'une volonté d'élargissement qui exige dans un premier temps l'effacement d'une identité personnelle posée comme restreinte et qu'il faut dépasser dans une sorte d'effraction.

R. Caillois, dans sa classification des jeux, reprend le terme grec *ilinx,* désignant un tourbillon d'eau. La même racine donne le terme *ilingos,* qui signifie « vertige ». Il entend réunir sous cette rubrique des activités « qui reposent sur la poursuite du vertige et qui consistent en une tentative de détruire pour un instant la stabilité de la perception et à infliger à la conscience lucide une sorte de panique voluptueuse... Il s'agit d'accéder à une sorte de spasme, de transe ou d'étourdissement qui anéantit la réalité avec une souveraine brusquerie » (Caillois, 1967, p. 67).

La vitesse, par exemple, procure une griserie qui favorise un relâchement des instances du moi, sans cesse sollicitées par le rythme des sociétés contemporaines. Elle rend possible une *coincidentia oppositorum* : l'abandon au vertige en même temps que la maîtrise de ses effets. Cette recherche de la vitesse connaît aujourd'hui de nombreuses variantes, comme la chute libre à haute altitude, qui permet à des hommes de sauter à 12 000 m du sol après une sévère préparation physique et morale et d'atteindre la vitesse de 600 km/h. Une autre discipline, astucieusement nommée le *skeleton* en anglais ( « squelette » et « chassis métallique » ), consiste à se lancer sur une pente de neige assis sur une plaque d'acier garnie de mousse à certains endroits, ressemblant à une luge. Couché sur l'engin, le pratiquant a la tête et la partie inférieure de ses jambes suspendues à quelques centimètres du sol, tandis que la vitesse peut dépasser les 100 km/h, sans possibilité de freiner. La pression de l'air empêche de lever les yeux pour voir la piste. « On est alors à la limite du voile noir, de la perte de connaissance. » Ancien pilote de bobsleigh, un adepte explique que cette activité décuple les sensations : « Le crissement tout proche des patins vrille les tympans, et le corps vibre à la moindre aspérité de la piste. C'est un peu comme si l'on conduisait une voiture lancée dans un tunnel à 700 km/h » (*Ça m'intéresse,* mars 1991). Le sentiment de toute-puissance est d'autant plus fort que le concurrent sort indemne de l'épreuve. Le relâchement de la conscience, voire sa perte provisoire, est une manière de déchirer l'enveloppe initiale de son sentiment d'identité à travers une sorte de syncope paradoxalement contrôlée. Disponible, ouvert, l'individu a le sentiment que le monde le pénètre sans l'anéantir. Les limites de soi se distendent avec une jouissance qui est à la mesure même du risque de périr.

Le saut dans le vide soutenu par un élastique connaît un large succès. Les conditions de sécurité suppriment en principe tout risque d'accident. Mais les activités reposant sur le goût du vertige impliquent toujours de quelque façon un jeu métaphorique avec la mort. Malgré les rationalisations, la volonté de se convaincre qu'il n'y a nul danger à sauter, l'individu recule parfois au dernier moment, alors que son tour arrive, incapable de reprendre le dessus sur la peur. Aucun argument n'arrive à repousser l'angoisse.

Exploration méthodique des limites physiques dans un équilibre toujours prêt à se rompre, la glisse est l'art du fil du rasoir, exploitant la dialectique entre chute et contrôle. Elle conjugue également la sensation du vertige avec celle du contrôle physique de la situation. Elle prodigue la dépense et l'ivresse et rassure sur ses ressources personnelles, sur sa capacité à faire face à l'épreuve. Vertu majeure dans nos sociétés qui exigent un constant réajustement de l'individu. Elle procure un sentiment de toute puissance à celui qui maintient le cap malgré les forces contraires. Sensation de mise en apesanteur, de se dissoudre dans l'espace, les sens en éveil, le frisson à fleur de peau, libéré de l'enracinement au corps par la technicité des mouvements, le pratiquant est immergé dans son action, hanté par le *feeling* du geste parfait. Les activités de glisse, menées dans la solitude, même au sein d'un groupe de pairs, s'écartent, selon le discours de nombre de leurs adeptes, du « mensonge » du social, de l'hypocrisie régnante, à l'image de la « survie ». Elles réalisent le rêve individualiste d'éliminer les autres, coupables de ne pas être un pur miroir de soi. Leur mise en œuvre repose sur les seules ressources physiques et morales d'un pratiquant qui ne peut s'en prendre qu'à lui-même si la vague le brise, s'il dévisse de la pente, ou si la chute termine tragiquement la descente en ski extrême.

Dans les activités de glisse, l'individu fait de son corps un partenaire ou un adversaire, selon les modalités de la pratique. Un adversaire pour les exigences du rapport physique aux éléments, pour la force et la technicité qu'il importe de développer, pour le risque encouru. Un partenaire, dans la mesure où il veille à sa forme, cultive son apparence, se met en scène sous le meilleur angle. Il s'agit aussi souvent de se faire voir, d'être admiré, loué. La glisse dispense une image de jeunesse et d'engagement physique, de séduction, que la publicité et le cinéma relaient abondamment. Image de puissance, de vitalité, d'aisance, de combativité, de courage, que soulignent les ralentis. Ce jeu avec la pesanteur, avec le risque, soulève le désir de la « frime », le souci de « se faire voir », d'évoluer avec grâce en enchaînant des figures difficiles. Vêtements légers et colorés, bandeau serrant le front, inévitable casquette, ou nudité athlétique des peaux bronzées. Le corps de la glisse est un corps lisse, sans défaut d'aucune sorte, élancé, dynamique, il n'a pas la lourdeur du *body builder,* qui semble en comparaison un hymne à l'immobilité. Corps diététique et hygiénique, indemne de toute contamination par la vieillesse ou la maladie, promesse d'éternité radieuse et conquérante. Les dents parfaites et les cheveux au vent, le visage souriant et confiant en ses ressources. La mort est un autre monde, on joue avec elle, on la nargue, on l'ignore même parfois avec une « belle indifférence ».

## LE RAPPORT PHYSIQUE AU MONDE

Les années 1970 ont vu se multiplier les activités physiques et sportives fondées sur une implication intense des acteurs dans un effort durable sollicitant l'ensemble des ressources physiques et morales de l'individu (Ehrenberg, 1991 ; Esprit, 1987 ; Gross, 1986 ; Le Breton, 1991). À l'inverse des activités de vertige, la passion de la dépense implique souvent un esprit de sérieux. Elle est une forme d'ascétisme tendue vers la maîtrise, l'épuisement méthodique des forces. L'enjeu consiste à soumettre à la volonté cet *alter ego* qu'est aujourd'hui le corps (Le Breton, 1990). Il faut ici étendre la définition à une lutte contre soi-même dans la mesure où nombre de pratiques physiques ou sportives sont solitaires, ou se déroulent dans des conditions de solitude pour les concurrents (raids, courses à pied, jogging, etc.). Si l'affrontement à soi-même est un trait privilégié de ces pratiques, celles-ci n'excluent pas la compétition avec les autres. L'adversaire peut être combattu réellement au fil d'une épreuve brève ou durable, ou de façon symbolique lorsque les performances réalisées par un autre sont les limites convoitées. Il importe d'aller plus loin, de porter le record au point le plus inaccessible, de forcer quelquefois le corps sur le fil de l'ordalie pour légitimer l'existence en misant sur la dépense, sur ce presque rien sans lequel la vie n'aurait pas cette saveur.

L'individu est son propre adversaire et il revendique cette dualité, il se mesure à ses ressources propres, à sa sagacité, à sa résistance, à ses nerfs. Rémy Bricka, juché sur des skis aménagés en flotteurs adaptés à la mer, parti sans eau ni vivres, traînant une nacelle de survie derrière lui pour la pêche et le sommeil, marche deux mois sur l'Atlantique, épuisé, amaigri, malade. « Ce fut une éternité, écrit-il, j'ai voulu reculer les limites des possibilités humaines. Dès les premiers jours de la traversée, j'ai vécu l'enfer, ce qui arriva après fut pire encore » ; ou encore « Au matin, malgré le repos, mon corps de plus en plus faible ne réagissait pas et je devais lui faire violence, lui intimant l'ordre de se lever pendant un bon quart d'heure. Ensuite, dans la journée, je me cravachais sans arrêt pour continuer à marcher, à pêcher... » (*Découverte de l'aventure,* Paris, 1990).

Les compétitions traditionnelles, qui ont longtemps drainé le goût de se mesurer aux autres, sont aujourd'hui débordées par des épreuves qui se déroulent hors des stades et où des amateurs rivalisent avec des professionnels au cours de joutes intenses. Le goût de la compétition demeure sans doute, pour certains concurrents, mais la plupart abordent l'épreuve dans le seul souci de se prouver qu'ils peuvent en venir à bout. Le classement importe moins que le fait d'aller au bout de leurs efforts. La plupart des grandes villes ont leur marathon ou leur semi-marathon. Nos sociétés de confort sont friandes de ces exploits de longue haleine qui mettent en évidence l'homme quelconque : cadres d'entreprise, employés, instituteurs, professeurs d'éducation physique, kinésithérapeutes, médecins, travailleurs sociaux, etc., à la recherche ailleurs d'une intensité de vie qui leur manque.

Pousser ses forces à bout, affirmer sa résistance aux éléments ou sa capacité à contrôler durablement une machine dans des conditions éprouvantes : de mille manières, l'acteur teste sa détermination sans ignorer les effets de l'épreuve surmontée dans le renforcement de son sentiment d'identité. Nouvelle école de morale sociale, qui prend une importance grandissante dans une société où la concurrence est rude, où la remise en question est à l'ordre du jour, l'administration constante des preuves de sa compétence propre est souvent nécessaire (Ehrenberg, 1991). Si la formule du vertige est « s'éclater », celle qui ramasse la tendance ici en jeu est « se défoncer ».

Une imagination foisonnante sème les épreuves sans compter. Celles-ci connaissent une faveur considérable, s'ouvrent à des non-spécialistes venus tester leur résistance, voir s'ils tiennent la distance. L'endurance a pris dans le contexte de crise des années 1980 une valeur sociale grandissante. Nous l'avons vu, sur l'autre versant, le vertige, sans être officiellement valorisé à l'image de l'endurance, est lui aussi un ressort privilégié de ces pratiques. Radicalisés, l'un et l'autre fonctionnent comme les deux « limites » les plus attractives. Loin d'être en opposition l'un à l'autre, ils se rejoignent, notamment sous la forme des raids où endurance et vitesse, affrontement et vertige se mêlent inextricablement. *Ilinx* et *agôn* sont les domaines propices à un jeu métaphorique avec la mort où se glane ce surcroît de sens qui donne confirmation à la valeur de l'existence. Mais pour gagner cette légitimité, il faut accepter d'aller au bout du chemin, parfois au risque de perdre sa vie. Faisant le bilan d'une belle aventure, sa marche en solitaire au pôle Nord, Jean-Louis Étienne observe : « Elle m'a offert des outils puissants et précieux en ce monde : la notoriété et la confiance, tant en moi-même, que dans les autres. Elle m'a aussi initié au chemin qui conduit à l'intérieur de soi, à la découverte de l'autre moitié de sa vie, celle qui se déroule au dedans de nous.[1] »

Marcher, courir, se dépenser sur de longues distances à travers des géographies malaisées. Pour s'assurer de son existence, on va au bout de sa résistance. On veut sentir le monde battre en soi, souvent dans l'excès, la « défonce », le combat intime avec l'environnement. La mise à l'épreuve du corps et de la détermination constitue une voie d'accès au sens. De même, des individus souffrant d'un handicap parcourent le monde avec leur fauteuil, participent à toutes les compétitions, à tous les défis, pour montrer qu' « ils peuvent le faire eux aussi », qu'ils sont des hommes comme les autres et que leur handicap ou leur maladie n'est qu'un élément de leur personnalité, non son essence.

Au terme de l'épreuve, l'individu trouve ce supplément de sens qui dote, serait-ce pour un instant, son existence d'unité et de plénitude. En touchant le monde, il retrouve le contact symbolique avec son environnement, il se rassure sur les « limites » dont il a besoin pour exister. Pour connaître une transfiguration strictement intime, il faut atteindre ce gisement de sens dissimulé au cœur de soi qui se donne par un arrache-

1. Jean-Louis Étienne, *Le pôle intérieur,* Paris, J'ai lu, 1999.

ment à la quiétude du quotidien. Sommé de faire sans cesse ses preuves et soumis au flou d'une évaluation sociale perçue comme changeante, versatile, l'individu se tourne vers la nature, seule susceptible de lui fournir un repère incontestable. Les niveaux d'engagement physique diffèrent d'un acteur et d'une entreprise à l'autre, de même le degré d'une approche symbolique de la mort qui relève de toute manière de la subjectivité.

La poursuite de l'affrontement ne marque pas seulement la compétition avec l'autre, elle applique à soi-même une détermination qui ne doit pas céder devant les difficultés ou la fatigue. L'épuisement est sollicité pour mieux être surmonté. Les performances jaillissent sous nos yeux comme les pains du miracle. Toute entreprise est matière à exploits, à « premières ». Sommé de faire sans cesse ses preuves, et non moins à ses propres yeux, dans une société où les références sont innombrables et contradictoires, l'acteur cherche dans une relation frontale avec le monde une voie radicale d'expérimentation de ses ressources personnelles d'endurance, de force et de courage. Les niveaux de performance, la capacité d'aller au bout de la difficulté qu'il s'est lui-même infligée viennent se substituer aux autres références pour se prouver une légitimité d'exister.

Une quête de limites est symboliquement en jeu. Elle est un pari sur le corps et sur la volonté, dans une relation en apparence éloignée de la mort, mais qui n'exclut pas son irruption sur la scène de l'épreuve. Le péril est dilué dans un corps à corps éprouvant à une entreprise qu'il importe de mener à bien. Non pour gagner en argent ou en considération, même si cela arrive couramment, mais d'abord pour se sentir exister, « se prouver de quoi on est capable », fortifier un sentiment d'identité en quête de repères plus consistants. Le défaut d'emprise sur le monde, à travers la difficulté d'en symboliser les données, amène à une volonté d'immersion physique intense sur un registre limité et provisoire où l'acteur établit sa souveraineté menacée partout ailleurs. La limite physique vient remplacer les limites de sens que ne donne plus l'ordre social (Le Breton, 1991, 2002). Ce que l'on ne peut pas faire avec son existence, on le fait avec son corps.

## LES « NOUVEAUX AVENTURIERS »

Éprouver ses limites revient à approcher la mort, au moins symboliquement, à la provoquer par des actions plus ou moins dangereuses. Ou simplement, comme dans le saut à l'élastique par exemple, à se jouer d'une peur que dément sans doute la réalité du risque, mais qui n'en produit pas moins un effet de force intérieure et de jubilation pour celui qui ose se jeter dans le vide. Le risque ila probabilité d'une jouissance de l'événement à la probabilité non négligeable de l'accident ou de la défaillance. Le gain d'un moment mémorable est l'enjeu de la mise. Quand des alpinistes chevronnés nous disent qu'il leur semble plus dangereux de traverser une rue dans une grande ville que d'escalader un sommet, ils oublient que le risque est toujours une perception subjective. Le saut à l'élastique qui ne présente aucun danger fait cependant reculer la plupart des individus et soulève plus de jubilation que de marcher dans la ville, même si le piéton court objectivement plus de risque de mourir ou d'être blessé. Il se joue d'une peur que dément sans doute la réalité du risque encouru, mais il n'en produit pas moins un effet de force intérieure et de jubilation pour celui qui a osé le saut. Les statistiques sont abstraites, seule la subjectivité fait vivre. Le risque est un imaginaire. Si des professionnels de l'aventure ou du sport « extrême » sont à l'œuvre l'objectivité du risque est difficile à mesurer. Mais les situations ne sont pas neutres, l'attraction, voire la fascination qu'elles exercent non plus, ni la répétition inlassable de l'exposition de soi par les mêmes acteurs.

Une signification s'impose au-delà de la conscience réflexive de ces hommes sur eux-mêmes. Dans l'exploration de l'extrême le risque est toujours présent, même s'il est contrôlé par la professionnalité. La recherche de situations exposées se marque régulièrement par la mort de l'un ou l'autre de ces « nouveaux aventuriers ». Tous d'ailleurs savent jouer sur cette fibre qui fascine le public. Un journaliste qui leur dresse une statue les nomme des « effrénés du danger » *(sic)*. « C'est leur vie que jouent les femmes et les hommes d'aventure que j'ai rencontrés... Sans cesse, ils matérialisent de l'impossible : ils marchent sur la mer, ils tournent autour de la Terre, ils escaladent les plus hauts sommets sans oxygène, ils travaillent au fond des océans, ils se nourrissent de vent. Ils courent, naviguent, volent, rêvent plus fort, plus vite, plus loin, plus haut que personne jamais dans l'histoire humaine. Ils mettent en jeu leurs mains, leurs yeux, leurs poumons et leurs cœurs. Ils risquent leurs cerveaux. Tous dansent au bord du gouffre » (E. Dumont, *Les aventuriers de l'impossible,* Paris, 1991). Comme on le voit, tous les organes du néo-aventurier sont présents à l'appel, aucun ne se complaît dans une coupable sécurité. Ce qui est rassurant pour le sponsor qui en aura pour son argent.

Les « nouveaux aventuriers » sont les prospecteurs de dangers qu'ils se proposent ensuite d'affronter sous le feu des projecteurs. La prise de risque est la marchandise qu'ils offrent à l'exploitation des sponsors et à la stupeur du public (Le Breton, 1991). La notoriété des nouveaux aventuriers, le soutien de leurs sponsors ne durent guère, éclipsés par l'éclat d'un concurrent ou la nécessité de répéter l'exploit en plus fort encore. Il faut se maintenir sous les feux de la rampe sans perdre la confiance des financiers. « L'aventure commence dans la recherche de sponsors », disait récemment un banquier donnant une leçon aux postulants aventurier dont le CV mal construit et le projet mal rédigé suscitaient ses foudres. La banalité relative de la nouvelle aventure, ou plutôt son appartenance à de nouveaux spectacles sportifs, tient tout entière dans cette remarque. Elle est le fil délicatement tendu entre sponsor et publicité. Sans l'un ou l'autre elle n'existe pas.

Ces soi-disant conquérants de l'inutile sont contraints à une relation privilégiée à l'argent, même si l'essentiel n'est sans doute pas là. Ce sont également des conquérants du symbolique, c'est-à-dire des hommes en proie à une quête intense et passionnée de significations. Les expéditions menées par les « nouveaux aventuriers », sont aujourd'hui les scènes innombrables d'un spectacle inépuisable jouissant de la protection des médias[1]. Elles suscitent de nouveaux notables, des formes inédites de vedettariat où le jeu symbolique avec la mort et la limite est monnayée en valeur économique et en prestige. Socialement valorisée, les prises de risque construisent les nouveaux « héros » de la modernité. La nouvelle aventure tient désormais ses salons, distribue ses récompenses, ses bourses pour faciliter les « projets », lorsque les sponsors se font les promoteurs des expéditions et que l'impétrant se transforme

1. Loin, en effet, d'avoir quelque rapport avec l'aventure, ces hommes ou ces femmes sont les promoteurs de nouveaux spectacles sportifs qui bouleversent les anciens cadres. Bien entendu, l'aventure demeure pour des milliers d'hommes ou de femmes qui marchent, courent, grimpent, naviguent, explorent, etc., dans une tranquille solitude, sans courir les sponsors ou les médias. Si l'entreprise sait rester un pari sur l'inutile, un désintéressement paradoxal dans une société hantée par le profit et la mise en évidence de soi, elle reste fidèle au grand souffle de l'aventure. Sur l'aventure, nous renvoyons à D. Le Breton, « L'extrême ailleurs », *Autrement*, L'aventure. La passion du détour, n° 160, 1996.

en publicité vivante pour une marque, même si le risque demeure, nous sommes aux antipodes de l'aventure. Son label vient juste parer les actions d'une vertu.

La nouvelle aventure est une forme contemporaine de spectacle sportif qui met en valeur sous forme médiatique un homme, plus rarement une femme (Reverzy, 2001), dans un engagement physique de longue haleine où le risque de mourir n'est pas tout à fait négligeable et parfois même au cœur du projet. Cependant, la « première » est d'abord une obsession masculine (rejetée par bien des femmes, même si nombre d'entre elles entrent peu à peu dans la même ambition par identification à ces valeurs de performance) de briser la « virginité » des espaces pour être les « premiers » à les avoir « conquis ». Les stades s'ouvrent désormais au monde, et avec prédilection aux zones difficiles de la planète : jungles, déserts, montagnes, mers, etc. La surenchère de l'exploit pour entretenir une notoriété toujours à la merci de l'oubli est le risque suprême du nouvel aventurier, le chant des sirènes médiatiques dont il ne comprend pas l'ambiguïté. La mort de Benoît Chamoux sur les pentes du Kangchenjunga a été mise en lien avec ce combat permanent pour retenir l'attention des sponsors. Alors qu'il grimpe avec son cameraman pour son quatorzième 8000, l'un de ses trois sherpas fait une chute mortelle. Mais pour ne pas être distancé par deux alpinistes suisses qui les précèdent, dont Loretan qui bouclait la série des 8000, ils poursuivent leur route contre toute éthique. Chamoux trouvera la mort avec son compagnon. « Il était soumis à une intense pression médiatique, dit Pascal Tournaire, Je l'ai vu faire des conférences avec des gens de Bull (son sponsor) lorsqu'il était en haute altitude. Or, c'est un milieu très exigeant, on est très diminué, hypersensibilisé. Les vacations radio avec le monde extérieur pendant l'ascension, c'est dangereux » (*Libération,* 10 octobre 1995). Reinhold Messner dénonce à cet égard cet « esprit de compétition » qu'il rend responsable de la mort de Chamoux. Jean-Louis Étienne faisant le bilan de quelques années de son existence rejette le piège de l'image, il revendique désormais de vivre dans sa chair. « On passe à la télévision, on est quelqu'un.. On va témoigner que l'on est pris au piège de son propre personnage. On joue le rôle que la société projette sur vous. (...) » Mais une perte, un choc affectif, un accident, et le colosse aux pieds d'argile s'effondre, et commence à se dire : « Si je ne peux plus refaire un tour, je ne vais plus pouvoir exister (...) J'ai commencé à vivre sur mes réserves, à me dessécher, parce que je n'étais pas réellement alimenté par la passion. J'ai commencé à me dire qu'il fallait que je retrouve la force, que j'arrête. Il fallait revenir à des choses simples » (Le Scanff, 2000, p. 118 et 144).

Le paradoxe de ces affrontements à la nature extrême est leur formidable organisation logistique, l'affinement des technologies mises au service de l'individu, l'ampleur des moyens utilisés en cas d'accident alors que l'exploit semble tenir dans le seul schéma de l'homme seul au monde devant la virulence de la nature tout entière vouée à sa perte. Pour reprendre les exemples ci-dessus : G. Delage emporte des palmes inédites, spécialement mises au point par un fabricant de chaussures de ski, un masque à visée panoramique, trois combinaisons de plongée de tailles différentes conçues pour libérer le trop-plein de calories. Son radeau a également été fabriqué en vue de l'entreprise, il contient balise de détresse, pistolet contre requins, nourritures lyophilisées, radio, ordinateur, désalinisateur, une alimentation d'énergie par panneau solaire. Il peut envoyer des télex via un satellite. Son corps est couvert de capteurs, et sur le continent une cellule médicale analyse les informations transmises par satellite (*Libération,* 5 décembre 1994). Mais il est vrai qu'il se prête à une série d'études scientifiques autour de sa propre personne. Le bateau de Gérard d'Aboville est bâti avec des matériaux de pointe longuement médités pour cette entreprise, il est emporté ensuite dans les soutes d'un avion long-courrier pour le Japon.

J.-L. Étienne a conscience de l'ambiguïté d'être un homme seul marchant sur la banquise, mais bénéficiant d'incroyables moyens techniques. « J'oscille entre deux mondes, deux stades d'évolution de l'humanité... Je crains l'ours blanc, mais des satellites savent à quelques mètres près où je suis. J'éprouve une joie grégaire lorsque le feu jaillit sous ma tente, mais celle ci tient debout grâce à des arceaux dont le matériau a été découvert par l'homme depuis quelques années à peine » (p. 56-57). Il est ravitaillé à cinq reprises par des avions volant sept à huit heures pour le rejoindre et autant pour le retour, et qui d'ailleurs ne prennent pas moins de risque que lui à atterrir sur un sol aussi imprévisible. À chaque problème rencontré, il communique par radio pour demander par exemple une fixation de ski, la sienne s'étant rompue, ou bien qu'on lui fabrique d'urgence une embarcation ultra-légère qu'on fera venir de France en toute hâte pour la lui livrer deux jours plus tard.

Ce sont des hommes (qui valent ici pour des milliers d'autres) plongés dans des conditions dangereuses, qui chaque jour risquent plus ou moins leur vie sur des obstacles prévus ou inattendus, mais ils jouissent parallèlement d'une logistique inouïe, insuffisante en elle-même à les sauver en cas d'accident[1]. On le voit, ces expériences de survie, ou en apparence effectuées dans des conditions proches de la survie, sont éminemment sociales, ayant même des retombées économiques considérables quand elles mettent au travail des équipes pour concevoir et fabriquer les instruments des expéditions, des compagnies de transport, des pilotes, des équipes

1. Pensons par exemple à Jean-Louis Étienne, qui a connu des épisodes périlleux au moment du dégel de la banquise, ou à cause de la présence d'ours à un certain moment de son parcours.

d'assistance, etc. Elles sont en outre, à travers le sponsoring, un éloge à la marchandise, perdant donc leur caractère de gratuité.

Ces expériences censées isoler l'individu mettent le monde à son écoute. Il arrive qu'aux heures de grande audience à la télévision ou à la radio un navigateur perdu au milieu de l'océan fasse état de ses émotions grâce au téléphone ou à la vidéo satellite. L'avancée de Gérard d'Aboville est régulièrement jalonnée par les médias. Quand Jean-Louis Étienne constate que sa balise Argos ne fonctionne plus, il utilise le système Sarsat qui ne doit être actionné qu'en cas de détresse. « Vingt minutes après que j'ai appuyé sur le bouton, le téléphone ne cessera plus de sonner au Centre national d'études spatiales à Toulouse, des quatre coins de la planète » (p. 43). La dimension solitaire de l'épreuve est en saisissant contraste avec la surmédiatisation d'un événement qui n'existe d'ailleurs que dans la sphère de l'image, même si elle vécue avec sincérité. Certains nouveaux aventuriers, en pleine solitude apparente, ne cessent aujourd'hui, avec le téléphone cellulaire, de répondre à des interviews ou de téléphoner à leur amis ou leur famille. Aucun humoriste ne pourra reprendre la situation, car elle est vécue avec sérieux même par leurs protagonistes qui ne perçoivent pas la dérision de ce qu'ils vivent.

Autre exemple de changements radicaux induits par la progression des techniques. Le monde de la voile s'est incroyablement modifié en quelques décennies. Quand Alfred Johnson fait la première traversée de l'Atlantique en 46 jours, en 1876, il navigue sur un bateau de 5 m dépourvu de quille, affleurant les vagues, sans cartes ni instruments. À peine arrivé, il rentre aux États-Unis et reprend son travail de pêcheur. Il faut une centaine de jours à Alain Gerbault, encore peu expérimenté, pour traverser l'Atlantique Nord d'est en ouest en solitaire, en 1923 ; 6 suffisent à l'équipage de *Jet Service* pour le même parcours en 1990. Robin Knox-Johnston boucle un tour du monde en 313 jours en 1968, Olivier de Kersauson et son équipage en 1991 mettent 71 jours. « Nous faisons un sport de haute technologie » constate, avec une pointe d'amertume, Isabelle Autissier, aux antipodes en effet des anciens navigateurs.

Il n'y a aucune comparaison possible entre les navigateurs d'aujourd'hui et ceux d'autrefois, ils ne vivent pas dans le même monde. Déjà, dans les années 1960, Bernard Moitessier comparant les modalités techniques de son bateau à celles d'un navigateur éblouissant des années 1930 à 1950, écrit : « Quand je songe à Vito Dumas, à ses trois océans en solitaire, sans roue intérieure !... À côté d'un tel gars, je ressemble à un affreux bourgeois au ventre mou.[1] » Pourtant, quand il veut communiquer avec ses proches, Moitessier utilise une fronde pour jeter les messages sur le pont des cargos, au risque de la collision qui détruirait son bateau, ou bien il abandonne des radeaux contenant des lettres, ou il les confie à des pêcheurs croisés par hasard, etc. ; pendant des mois il est absolument seul, inquiet de sa famille dont il est sans nouvelles et dont il ne sait pas si elle reçoit ses lettres, dans l'ignorance de la position des autres bateaux. « Quoi de comparable entre l'antique ketch de Moitessier et ses mâts taillés dans des poteaux télégraphiques, et les bolides de carbone, moitié courts de tennis flottants, moitié usines à gaz, qui désormais cerclent l'Antarctique comme d'autres vont à Belle-Île », écrivent B. Heimermann et P. Joubin[2]. Les navigateurs d'aujourd'hui, avec leur antennes satellites et les récepteurs dont ils disposent, sont joignables à tout moment,

1. Bernard Moitessier, *Le cap Horn à la voile,* Paris, Arthaud, 1967, p. 192.

2. Benoît Heimermann, Philippe Joubin, *Abécédaire de la voile,* Paris, Flammarion, 1998, p. 16.

ils échangent des messages en permanence entre eux et avec leurs proches. Ils ne cessent eux aussi de répondre aux sollicitations des médias. Leur aventure est d'un autre ordre, certes, elle n'en est sans doute pas moins exigeante. Elle demeure intérieure. Elle repose sur le fait de mettre la technique dans une position mineure pour affronter les éléments dans l'élémentaire d'une lutte où l'homme, même s'il dispose de moyens considérables, peut être balayé d'un souffle par une nature dont la valeur réside dans ses aspects imprévisibles, mais à la mesure de l'intuition de l'homme.

## LE RISQUE PAR PROCURATION

Les sportifs qui mettent ainsi leur vie en danger dans des activités réglées et sous le regard des autres sont les éclaireurs d'une société crispée sur la sécurité mais qui ne dédaigne pas d'éprouver par identification le frisson qui manque à la vie quotidienne. Ils jouissent d'une réputation d'autant plus grande qu'ils savent se mettre parfois en péril. Les champs de foire proposent de longue date des attractions où des badauds jouent à se faire peur et à se procurer des sensations, les montagnes russes, le grand huit, par exemple, où nul ne risque en principe de se rompre les os. Les conditions émotionnelles du danger sont réunies, mais sans exposition de soi à la virulence des événements.

En revanche le cirque, à travers des attractions comme la voltige, le funambulisme, les exercices des dompteurs enfermés dans la cage aux lions, etc., soulève la question des techniques du corps et du risque d'un faux mouvement, de la fatigue, de l'erreur d'appréciation dont les conséquences sont fatales. La mort fait ainsi partie « de la convention tacite qui lie acteurs et spectateurs, écrit Roger Caillois. Elle entre dans les règles d'un jeu qui prévoit un risque total. L'unanimité des gens du cirque à refuser le filet ou le câble qui les préserveraient d'une chute tragique, est assez éloquente. Il faut, contre leur volonté tenace, que les pouvoirs publics leurs imposent la solution qui protège leur vie, mais qui fausse l'intégralité du pari » (Caillois, 1967, p. 264). Pour l'artiste comme pour le spectateur, l'hypothèse de la mort rehausse l'émotion du spectacle. M. Loyal met le risque en valeur, l'enlumine de belles phrases emphatiques soulignant l'héroïsme désintéressé de l'artiste.

Le silence qui cerne la prestation des trapézistes au moment des figures les plus dangereuses inscrit l'attente inavouée de l'accident au sein d'une dramaturgie éprouvée par la tradition du cirque. Les applaudissements qui crépitent ensuite pour saluer la victoire sur la mort traduisent aussi le soulagement, la libération de la culpabilité. Le frisson a néanmoins traversé la foule et ébranlé un instant les spectateurs.

L'artiste sait jouer de l'émotion du public comme d'un clavier disponible à sa volonté propre. S'il mime le déséquilibre ou l'indécision, il provoque aussitôt l'émoi de la foule qui réagit « comme un seul homme ». Le mécanisme de l'identification se cristallise qui lui laisse le champ libre pour l'exécution de son numéro. Il affronte symboliquement la mort à la place de ceux qui le regardent, bien arrimés à la sécurité des gradins, délégué à l'audace, au sang-froid que les spectateurs cherchent à satisfaire par procuration. L'hésitation de l'artiste, l'échec d'une tentative, loin de le discréditer le rapproche au contraire de l'homme du commun, heureux de voir que la belle machine qui virevolte dans l'espace n'est pas seulement un Dieu, mais aussi un homme accessible à la peur. Ce rappel que nulle éternité n'est promise par avance à l'artiste renforce l'identification du spectateur un instant bouleversé, mais soulagé de voir le rétablissement *in extremis,* ou le numéro se dérouler finalement sans anicroche.

La maladresse réelle ou mimée est un subterfuge de mise en évidence de la maîtrise. Elle est même rassurante, car elle démontre la souveraineté de l'homme sur lui-même. La mort n'est pas toujours toute-puissante, l'homme n'est pas sans ressource pour en repousser la menace. Le risque calculé de l'artiste communique aux spectateurs quelque chose de sa puissance personnelle face à la mort. Sa virtuosité arrache un instant l'homme qui regarde à la pesanteur de sa vie quotidienne. Il vole un instant lui-même sur le fil du rasoir, d'un trapèze à un autre, rempli d'un courage inépuisable. En revanche, si la prise de risque se solde par un échec, et par la blessure ou la mort du protagoniste, le lien d'identification rappelle avec brutalité chaque spectateur à son infinie fragilité.

# *La tentation ordalique*

> « Ainsi avons-nous, hors abri, une sûreté, là-bas où porte la gravité des forces pures. »
>
> Rainer-Maria Rilke.

## LA CONSTRUCTION SOCIALE DE LA CHANCE

Toute prise de risque contient une part plus ou moins lucide de volonté, de confiance en soi qui la distingue de l'aveuglement pur et simple ou d'une volonté affirmée de mourir. Elle suppose une évaluation des ressources propres à celui qui s'apprête à se lancer dans l'action, un calcul, fût-il intuitif, de la probabilité du succès, mais elle repose également sur un pari, qui mêle de manière confuse l'habileté de l'acteur dans ce genre de situation et le sentiment qu'il possède de sa « chance ». Elle soulève toujours l'hypothèse d'un destin favorable. L'une de ses composantes tient dans le sentiment qu'un ordre se dessine au sein de l'incalculable, que celui ci n'est pas tout à fait inaccessible. Sans l'intuition plus ou moins inavouée d'avoir la chance de son côté, de n'être pas tout à fait désarmé face à l'imprévisible, la prise de risque serait une forme gauchie du suicide, un abandon aux circonstances et non une initiative personnelle.

Le frémissement éprouvé lors de l'action traduit l'impression subjective d'une lutte avec l'adversité au cours de laquelle les compétences et la croyance intime de l'individu en sa chance donnent leur pleine mesure. Georg Simmel a bien perçu ce trait de la mentalité du joueur dont la mise repose sur un savant calcul ou sur une intuition des probabilités dont il a l'intime conviction de posséder les clés. « La nature superstitieuse caractéristique du joueur, écrit Simmel, n'est rien d'autre que la forme tangible et sporadique, mais aussi enfantine de ce schéma profond et englobant de la vie : dans le hasard se trouve un sens, une signification nécessaire en quelque façon – quoique non nécessaire selon la logique rationnelle » (Simmel, 1989, p. 310). Cet inconnaissable, le joueur croit en avoir l'intuition, de même que le preneur de risque est porté par le sentiment de la nécessité de son action, de son caractère « spécial » qui lui octroie une protection occulte.

Dans certaines circonstances où le défi est poussé plus loin que de coutume, l'individu se sent au-delà du lot commun des hommes. Au cœur du danger, il est animé de la conviction qu'il sait (ou saurait) affronter la mort les yeux ouverts sans se laisser envahir par la peur ou le chaos, la « chance », ce talent particulier d'échapper au pire, étant avec lui. Il sent, à tort ou à raison, qu'il passera là où les autres n'auraient pas les réflexes ou l' « instinct » suffisant pour s'arracher à la pesanteur des événements. Cette capacité à « survivre » à l'épreuve se nourrit du sentiment que si les autres sont incapables à ce moment de se subordonner l'incontrôlable, il dispose encore quant à lui d'une marge lui permettant d'enchaîner les gestes qui sauvent. Emporté par un sentiment de toute-puissance, la conviction d'être soutenu par la reconnaissance des éléments et protégé par la nature « spéciale » de ses ressources, il croit savoir jusqu'où il peut aller trop loin. Stephen Lyng, sociologue et parachutiste, adepte de la chute libre, observe une attitude similaire chez ses compagnons. « Quand quelqu'un est tué ou blessé lors d'un accident de chute libre, cela ne signifie pas que certains risques dépassent toute aptitude à les manœuvrer ; cela indique simplement qu'une personne engagée dans la chute libre ne possède pas nécessairement la capacité innée de survie » (Lyng, 1990, p. 859). L'impression de rester maître de son destin, de disposer de ressources là où tout autre serait le jouet des circonstances procure l'exaltation d'être d'une étoffe particulière, de posséder ce supplément impalpable qui fait de soi un « professionnel », mais aussi un élu de la chance jusqu'au moment où l'accident ou la mort viennent mettre un terme à l'illusion de contrôle des événements.

## L'ORDALIE

L'ambiguïté de la limite tient à ce qu'elle peut toujours être repoussée, reconduite ailleurs dans une surenchère sans fin. Attachée à la seule signification que lui confère l'individu, elle n'a de terme que celui qu'il lui prête. *Sky is the limit,* disent les Américains. Dans les activités physiques ou sportives, le jeu symbolique avec la mort est plus ou moins prononcé, il est dilué dans l'ordinaire de la pratique même, effectuée avec prudence et dextérité. Il connaît des moments plus périlleux quand celle-ci est poussée à la limite de la compétence. Plus radicale est la volonté de jouer avec la mort, de la titiller sur son territoire. Ce supplément appelle l'image de l'ordalie, c'est-à-dire d'une forme de jeu délibéré avec la mort (Le Breton, 1991).

Au-delà des situations qui déjà en elles-mêmes engagent les individus dans les parages du danger, au-delà de leur compétence à le surmonter, prenons ici un échantillon de quelques propos parmi bien d'autres chez ceux qui aiment le risque et l'utilisent comme une force d'exaltation personnelle. Dans les circonstances qui appellent l'image de l'ordalie, nous sommes face à un risque tangible pour l'existence qui donne tout son prix à la performance. « Pour moi, dit Jean-Marc Boivin, la notion de risque est prédominante. S'il n'y a aucun risque, ça manque de sel... Je crois qu'il faut qu'il y ait une part d'incertitude... Je n'aime pas être sûr du résultat ni que cela soit trop bien préparé, que ce soit dans mes tentatives de record d'altitude ou de ski extrême. Trop bien connaître le terrain, ce serait trop simple ! Parfois, avant de faire une course très difficile, je ne sais absolument pas si je vais y aller ou non. Je décide au dernier moment et je pars un peu sur un coup de tête. » Plus loin, Boivin explique sa préférence pour le ski extrême, car « dans certains virages, il y a un moment où l'on ne tient plus que par le planté du bâton, on est suspendu en l'air. Il suffit donc d'avoir à la réception une mince couche de glace cachée par la poudreuse pour que ce soit terminé ! On va en bas directement ! Et pour moi, c'est plus stimulant[1] ». Erhard Loretan dit avec justesse que « la mort est la règle du jeu de l'altitude. On le sait, on l'accepte ». Au-delà de 7 500 m les alpinistes parlent d'une entrée dans une « zone de mort » au sein de laquelle les dangers pullulent. Le même E. Loretan raconte une expérience de ski tracté par un cerf-volant sur le Groenland : « Nous atteignons des vitesses inimaginables. L'année passée, nous n'avions pas monté de frein de secours. Nous étions, Jean Troillet et moi accrochés à la même voile. Une bourrasque nous a ramassés, le parachute s'est mis en torche, il nous a tirés sans que nous puissions rien faire. S'il n'avait pas éclaté nous finissions dans les crevasses et nous serions en train de traverser

1. E. Dumont, *Les aventuriers de l'impossible,* Paris, Laffont, 1991, p. 38 sq.

l'Atlantique » (*La Liberté,* 1er mars 2001). Chantal Mauduit disait avant sa disparition : « Je sais que la mort est inéluctable, imprévisible. D'ailleurs, face au bonheur que la montagne m'apporte elle ne fait pas le poids » (*L'Année montagne,* n° 11, 1998). Un adepte de l'escalade en solo interrogé par Suzanne Laberge dit son exaltation de grimper sans protection : « On connaît le plus souvent la paroi pour l'avoir déjà grimpée en cordée. Ce qui est excitant, c'est de la grimper à nouveau, cette fois en toute liberté, sans système de protection ! Le risque provient bien sûr que si l'on tombe, on se tue presque à coup sûr » (Laberge, 1994, p. 32). L'alpiniste Christophe Profit explique l'intensité d'une arrivée sur le K2 avec Pierre Beghin : « Parfois je me dis que je ne revivrai jamais un instant aussi intense. On n'était vraiment pas sûr de revenir. Même avec une balise argos sur le dos, si tu te casses une jambe, t'es mort. Personne ne peut venir te chercher. Je suis amoureux fou de cet alpinisme engagé, ma passion est plus forte que jamais » (*Libération,* 8 décembre 1994).

Au départ du Vendée Globe Challenge de 1992, qui verra la mort de plusieurs navigateurs, L. Perron déclare à un journaliste que cette épreuve « c'est un peu 15 gladiateurs modernes qui entrent dans une arène gigantesque. On sait que certains risquent de perdre la vie dans la bataille » (*Impact Médecin Quotidien,* n° 313, 1992). Lors de cette course, Mike Plant et Nigell Burgess disparurent. Lors de l'édition de 1996, Gerry Roufs mourut et Thierry Dubois, Raphaël Dinelli et Tony Bullimore furent en situation périlleuse après leur naufrage. Les marins insistent souvent sur la dureté de l'épreuve, sur la folle tentation de laisser tomber. « On va tous souffrir, dit Marc Thiercelin. On appréhende les mers du sud, car ce ne sont que des images. On ne peut pas mettre des faits derrière les mots ; pour moi, ce sont des images... Maintenant, j'essaye de me dire que dans les moments où on sera dedans, on fera comme on sait faire, et si on ne sait pas faire, on paiera le prix fort. De là à s'imaginer le pire, c'est terrible. »[1] Dans l'histoire des courses à la voile, le pire fut sans doute atteint en 1979 avec la mort de 19 personnes dont 15 concurrents du Fastnet. La mer rappelle les dangers qu'elle recèle et alors, comme le dit Isabelle Autissier : « Si l'un de nous y reste, tout le monde a perdu » (*Le Monde,* 5 février 1999).

François Cirotteau s'élance en kayak d'une chute d'eau de 28 m après avoir franchi d'autres hauteurs, moindres mais non moins spectaculaires : « Attention, dit-il, ici comme en ski, ou en escalade solo, la mort ou le fauteuil roulant peuvent être la sanction de la moindre faute. L'envie peut être fatale » (*in* G. Esnes, *Exploits sans limites,* Paris, 1989, p. 10 sq.). Schultheis évoque une nouvelle activité qui ne laisse place à aucune marge d'erreur : la course dans les éboulis. Un grimpeur californien « découvrit que courir seul sur les champs de roches escarpés le propulsait dans un état de conscience différent, plus aigu. Pas de place pour la moindre erreur, donc pas d'erreur ; sans cesse sur le fil du rasoir, on bondit par-dessus des trous et des ravins périlleux sans un seul moment de pause ; au sein de cette danse de mort celui qui hésite est perdu »[2]. Le surfeur Laird Hamilton désigne l'horizon de la mer au large de la côte nord de l'île de Kauai : « C'est là que se lèvera un jour la plus haute vague du monde, je l'attends et ce jour-là, j'y serai pour la surfer » (*Le Monde,* 16 février 2001). Il s'agit de s'exposer (ou de l'avoir été), de prendre des risques et d'abandonner provisoirement ou durablement le confort et la sécurité, de pousser le corps au bout de ses ressources, d'aller le plus loin possible, et de se tenir symboliquement sur la ligne de par-

1. Thierry Georjan, *Vendée globe,* Paris, Éd. Gérard de Villiers - La Découvrance, 1997, p. 10.

2. R. Schultheis, *Cimes. Extase et sports de l'extrême,* Paris, Albin Michel, 1988, p. 208.

tage entre vivre et mourir. Certes, nous sommes loin d'une conduite suicidaire. Même si l'imprévisible et le danger l'emportent, l'individu compte bien s'en sortir car il est convaincu d'avoir l'étoffe, un sentiment de toute-puissance l'anime, la conviction de ne pas être saisi par la même vulnérabilité que les autres. D'avoir déjà été à la hauteur de moments difficiles sur d'autres expéditions le rassure sur sa compétence à surmonter le pire.

Arrêtons-nous un instant sur Guy Delage, auteur notamment d'une traversée de l'Atlantique en ULM et d'une autre en nageant dix heures par jour pendant deux mois des îles du Cap-Vert aux Antilles. Delage est représentatif de ces passions du risque dont les témoignages abondent et dont leurs adeptes décrivent avec complaisance combien l'affrontement symbolique de la mort est une banalité dont ils ont coutume de sortir vainqueurs. « La mort est un pôle magnétique pour moi... J'ai appris à vivre à sa proximité, à la regarder en face, très souvent je l'ai incluse comme une hypothèse envisageable dans mes projets... Bien sûr, il y a le jeu... J'aime frôler la mort sans jamais l'atteindre, ce jeu subtil qui me procure un plaisir extrême. Cette vision permanente de celle à qui l'on doit échapper libère des flots d'adrénaline... donc de jouissance. » Avant de s'élancer pour gagner l'autre rive de l'Atlantique à la nage, il écrit à ses amis sur des cartes postales : « L'Atlantique, cette fois, me laissera-t-il passer de l'autre côté ? Si c'est non, mes proches recevront sur cet insigne bout de papier mes dernières pensées affectueuses pour eux. » Comme nous l'avons vu en analysant ce type de démarche, Guy Delage récuse toute intention suicidaire. « J'aime terriblement la vie. Je veux en connaître tous les recoins, toutes les possibilités. Je cherche à repousser les champs de mon enveloppe de vie, la transformant comme une bulle, gonflée à la limite de l'éclatement. Le jeu consiste à frôler l'éclat sans le provoquer. Mes expériences hors norme me permettent de goûter à une vie intense de passions. »[1] Mais la tentation de l'ordalie est présente. À la fin 1991, il tente de rallier le Brésil en partant du Cap-Vert en ULM. Mais après vingt-sept heures de vol il atterrit sur l'île de Fernando da Noronha : « Deux semaines avant de m'envoler, j'ai vécu comme si j'allais mourir demain. J'étais certain de ne jamais revenir de cette traversée. Au moment où j'ai mis les gaz pour décoller, j'ai dit adieu à la vie. C'est une impression absolument terrifiante qui ne te quitte jamais. À l'arrivée j'ai mis une semaine pour me remettre du stress. Je me revois encore tomber dans des trous d'air et remonter de 25 m en deux secondes. J'ai cru mourir une dizaine de fois » (*Libération,* 5 décembre 1994).

La surenchère dans le risque amène l'individu à une autre dimension de sa quête intérieure. Atteignant les parages de l'ordalie, il s'en remet pour une part « au jugement de Dieu », ou plutôt se livre à une situation délicate où il donne le meilleur de lui-même, engage toutes ses ressources dans la lutte, mais en courant néanmoins le danger de disparaître au cours de l'action. En s'affrontant au pire, il cherche à gagner le meilleur, à convertir sa peur, son épuisement en jouissance, en détermination du caractère. La provocation à la mort est claire. Même si elle n'est pas hautement revendiquée, elle est suggérée au détour d'un propos complaisant ou longuement souligné par les commentateurs. Sollicitation rituelle du destin, l'ordalie soulève une probabilité non négligeable de mourir. Elle pousse la métaphore du contact avec la mort au plus proche de l'ultime limite, tout en laissant une possibilité de s'en sortir. Elle n'est donc en rien une manière indirecte d'attenter à ses jours, mais plutôt une chance que se

1. G. Delage, *Atlantiques,* Paris, Ramsay, 1995, p. 306, 229, 165. Il faudrait citer de nombreux autres passages de l'ouvrage, ceux notamment où Delage décrit des incidents techniques, des accidents, des défaillances, des syncopes lors de plongées sous-marines, dont certaines sont délibérément provoquées par volonté d'expérimentation personnelle.

donne l'individu, quitte à en payer le prix s'il échoue dans sa tentative.

« Lorsque j'ai accompli un exploit aussi limite, du genre à se dire : "Ce n'est pas normal que je sois encore là !", pour moi c'est une victoire sur la mort, une revanche sur la poussière, et aussi un salut aux deux ou trois copains qui se tuent en montagne tous les ans », dit encore Jean-Marc Boivin qui trouvera lui-même la mort, en février 1989, dans un accident de *base jumping* au Venezuela.

Le contact symbolique avec la mort constitue une voie possible pour se situer, se reconnaître parmi les autres, reconstruire un goût de vivre qui peine à s'étayer. Dans certaines circonstances, l'approche de la mort, quand elle est choisie ou acceptée, produit un sentiment d'identité renouvelé. Si l'individu réussit à sortir indemne de l'épreuve, l'échange symbolique noué avec la mort ajoute à l'exaltation d'être encore en vie. Il possède l'intuition grisante d'être garanti. À l'issue de l'épreuve est la métamorphose : la jubilation d'avoir réussi et d'avoir arraché à la mort une assurance sur la valeur de son existence. « L'instant de survivre est instant de puissance », écrit Elias Canetti (1966, p. 241).

## LES MYTHOLOGIES DE LA « NATURE EXTRÊME »

Faisant avec passion le récit d'une expédition manquée au Venéezuela, Alain Kerjean énumère les affres du voyage : la prison à cause d'un officier « xénophobe », quinze jours à « moisir » dans un palace, la difficulté d' « apprivoiser » un ethnologue ou de se prêter physiquement à la curiosité d'Indiens « imberbes », manger des fourmis grillées ou des larves, se trouver plongé sans la moindre connaissance des manières de vivre et de penser de leurs habitants au cœur d'un village indien, craindre la solitude après le départ inattendu des guides, etc. Nécessaire dérision de soi pour montrer malgré tout comment on se prend au sérieux. Ce récit est indirectement une apologie de l'envers de nos sociétés, où même la nourriture cesse d'être policée. L'ensauvagement contrôlé vise à une transmutation délibérée de soi où la nature, devenue *wilderness* pour l'imaginaire occidental, est un instrument de connaissance de soi, un détour propice par un Ailleurs où même ces Indiens aux mœurs indélicates se prêtent à leur rôle de figurants exotiques et complaisants. Marqué par sa dureté, ce périple traduit une quête intérieure pour le voyageur encanaillé devenu aventurier par intérim. « Il fallait, écrit A. Kerjean, que nous nous confrontions directement à une réalité exigeante afin de savoir réellement ce dont nous étions capables. »[1] Le *wilderness* est ici un monde épargné du péché originel de la présence des autres (les Indiens composent ici une figure incontestable de la « nature »). L'Occidental en visite ne compte pas, il est d'une autre trempe, il ne saurait, lui, se voir comme souillure. Il ne retranche rien à l'aspect agréablement « sauvage » des lieux.

L'impératif de se situer, de se reconnaître, la demande diffuse adressée à la « nature extrême » de délivrer une légitimité d'exister qu'elle seule parait en mesure de pourvoir, se retrouve à de multiples niveaux allant d'un jeu serré avec la mort à des joutes plus symboliques (trekking, courses sur route, etc.) où l'individu se met face à une nature dont il cherche à se rendre digne. Faisant écho à A. Kerjean, Patrick Vallençant écrit après la réalisation d'une descente dangereuse en ski extrême : « Cette descente je la souhaite d'abord pour

1. Alain Kerjean, *Hors limites. Apprendre en agissant,* Paris, Albin Michel, 1990, p. 15.

répondre au besoin de m'affirmer, de réaliser quelque chose. Est-ce de l'orgueil ? Je suis persuadé d'avoir un certain courage, certaines possibilités, mais il me faut le prouver. »[1] Nécessité intérieure de faire ses preuves, de se justifier d'exister quand la société ne satisfait plus tout à fait à l'orientation anthropologique de ses membres.

Ainsi, les mers sont aujourd'hui traversées de toutes les manières possibles, elles l'ont toujours été dans l'imagination, mais désormais tous les moyens sont bons. La logique à l'œuvre est celle du défi individuel, une quête intime de légitimité, de notoriété, de reconnaissance qui instrumentalise la mer comme élément du danger à surmonter en se rendant le plus vulnérable possible tout en pensant conserver la bonne donne. Chez nombre d'auteurs de ces « exploits » on cherche en vain une métaphysique de la mer comme chez Joseph Conrad ou un appel à la liberté comme chez Bernard Moitessier. Elle est simplement l'adversaire sans visage qui ne suscite d'émotion que par défaut à travers les périls ou les gênes qu'elle impose à l'avancée du bateau. Elle est l'outil servant à une révélation de soi. Création du narcissisme, la mer est alors un double coriace de l'individu. Son miroir, mais certes pas dans le sens du livre homonyme de Conrad. Il s'agit alors de partir à la découverte de soi dans une lutte où la nature (devenue « extrême ») fait office de « figurante », donnant à l'individu l'opportunité de jouer un rôle de composition d'autant plus éblouissant qu'elle est plus impitoyable.

Ainsi, Gérard D'Aboville ne parle que de lui-même, de ses états d'âme, il affirme d'ailleurs : « Mon seul public c'est moi. C'est pour moi que je pars, je suis mon unique spectateur, le seul dont l'opinion compte vraiment car nul autre que moi ne connaîtra le prix de la victoire » (p. 50). Seul

1. P. Vallençant, *Ski extrême,* Paris, Flammarion, 1979, p. 31.

l'intéresse la peur et le risque. De la première il dit que « l'affronter et la dominer procurent d'immenses satisfactions. C'est la plus grande victoire, celle de l'esprit sur l'animal ». Le propos n'est pas moins convenu s'agissant du risque : « L'un des ingrédients indispensables pour donner à la victoire sa valeur et sa saveur... Le risque est pour moi le sel de l'existence. Il accompagne et flatte mon penchant pour les solutions audacieuses... La vraie responsabilité, le véritable exercice de la liberté, c'est de savoir qu'en cas d'échec je m'expose à la sanction suprême, la mort. Cela suffit à me faire sentir le poids des choses. Et tout le reste est littérature. »[1] Ce n'était d'ailleurs guère là le souci de ses lecteurs.

Face à ces propos sans appel, on le voit, la mer est seulement l'occasion du défi, pure extension du Moi, outil travaillant à la mise en évidence des vertus de l'individu. C'est dans ce contexte sociologique d'exaltation individuelle du « défi » (certains évidemment préfèrent dire du « challenge ») qu'il convient de placer l'engouement pour les grandes courses maritimes, et notamment le Vendée Globe : ce culte nouveau de la vitesse qui parait si éloigné de la philosophie première de la mer, ou la surenchère dans le risque sous le regard des médias, par exemple lorsque Bruno Peyron impose une nouvelle course intitulée « The Race » (on ne saurait imaginer un nom plus déplaisant, surtout s'agissant d'une course française) dont la formule est d'ailleurs « No limit », une course autour du monde en solitaire sans étapes, sans arrêt, sans escale pour réparer) et qui revendique déjà d'être « la plus extrême de l'histoire de la navigation à voile ».

Loin de chercher une sécurité et une tranquillité qui justement l'ennuient, le sportif de l'extrême goûte d'une marge d'incertitude qui lui permet enfin de s'affirmer, sans contrainte extérieure à sa décision propre. La mer, comme

1. G. d'Aboville, *Seul,* Paris, Presss ePocket, 1992, p. 125-126.

d'ailleurs la montagne, le désert ou la forêt deviennent les voies privilégiées d'un monde de sens reconquis où l'homme, livré à ses seules ressources physiques et morales dans des circonstances qu'il a décidées, réenchante son existence, fait provision de sensations, d'émotions, et forge sa mythologie personnelle. La mer, par exemple, est une réserve sauvage de sens, un monde à la fois propice et dangereux où l'homme, s'il est à la hauteur, démontre justement sa légitimité et sa jubilation à exister. Des règles de bonne conduite en régissent l'usage, des savoirs particuliers acquis surtout par l'expérience alimentent la compétence à s'en sortir, mais le *wilderness* demeure incontrôlable, riche d'inattendu et de surgissements possible sous les mille visages de la mort. On se souvient de la belle image de Platon selon laquelle le monde compte les vivants, les morts et ceux qui sont en mer. Sur son voilier, en effet, l'homme est en suspens, livré à ses seules ressources. La mer est encore l'une des faces du *wilderness,* un détour périlleux vers un Ailleurs favorable à une meilleure connaissance de soi et à la « vraie vie ». Marc Thiercelin veut repartir pour un troisième tour du monde en solitaire, car « là-bas, dans les mers du Sud, près de l'Antarctique, où personne ne va jamais, les glaces, les lumières, les baleines semblent sorties de la préhistoire, les mêmes vagues roulent depuis des siècles sans le moindre bout de terre pour venir les briser » (*Le Nouvel Économiste,* 25 février 2000).

Le marin est un homme en contact permanent avec les éléments qui lui résistent et qu'il essaie de tourner à son avantage. Il « sent » son bateau vibrer dans ses mains, imprégner sensiblement son corps tout entier. À l'inverse de l'existence courante, où l'individu a parfois le sentiment de perdre son enracinement au monde, de ne plus éprouver à son entour un cadre de sens propre à se situer dans le monde le marin a un sens aigu de ses compétences personnelles, il tient sa vie entre ses mains car les paramètres qui la définissent se limitent à son bateau, à la mer et à sa détermination personnelle. Joseph Conrad disait merveilleusement que « C'est une grande guérisseuse pour des cœurs meurtris aussi bien que pour des esprits meurtris que la vie du bord, et je l'ai vu calmer – du moins pour un temps – les caractères les plus turbulents. On y trouve la santé, la paix et la satisfaction d'un cercle accompli, car chaque journée de la vie à bord semble fermer un cercle dans le vaste anneau de l'horizon marin. »[1]

La vie en mer éloigne de l'ambivalence du monde, des déceptions que les autres prodiguent parfois, elle réduit l'existence quotidienne à une série d'actions précises à accomplir et elle libère l'imaginaire, la méditation. Plongé en pleine action, face aux éléments, livré à ses seules ressources, le marin éprouve le sentiment de s'appartenir enfin, de donner la meilleure version de lui-même. L'affrontement à la mer est d'abord un affrontement à soi lors d'une épreuve délibérément consentie. Isabelle Autissier dit bien qu'« être seule, c'est être responsable de ce que je suis » (*Le Monde,* 5 février 1999). « En course, on oublie la terre ferme et les soucis du monde, dit Éric Tabarly. On s'installe dans une vie hors planète, avec des préoccupations qui échappent à la plupart des mortels. On est enfermé dans un décor liquide et circulaire, on est cloîtré dans sa tête avec le cerveau qui ne fonctionne qu'à travers le bateau. »[2] Le temps de la navigation est une bulle tenant le monde à distance, une durée sans compromis, entre parenthèses, une période de retour sur soi, de méditation sur le sens de l'existence même si les communications avec la terre ne sont jamais coupées et si le souci de la course demeure. « Quant aux autres questions, qui me trou-

1. Joseph Conrad, *Le miroir de la mer,* Paris, Gallimard, 1946, p. 27.
2. Éric Tabarly, *Mémoires du large,* Paris, Éditions de Fallois, 1997, p. 137.

blaient parfois, elles ne pèsent pas un gramme face à l'immensité d'un sillage tout près du ciel et plein du vent de la mer, que ne peuvent perturber les plus petits mobiles habituels »[1], affirme Bernard Moitessier.

## LE DERNIER RECOURS

Le *wilderness* est un monde hostile et impitoyable (ou plutôt rendu ou perçu tel par la volonté propre de ceux qui souhaitent s'y confronter), mais un monde juste, et qui sait reconnaître les siens disent les adeptes de la survie, il ne recèle aucun faux-fuyant, aucune des cruautés dont la société abonde. « Il ne pardonne pas », certes, mais ses réponses sont à la hauteur des insuffisances de l'individu à son égard, manière élégante de poser la royauté personnelle de ceux qui s'y sentent à l'aise, élus ayant la grâce de recevoir l'onction. Le discours sur l' « hypocrisie » des relations sociales, la « fausseté » des individus, le goût de la solitude est un *leitmotiv* chez nombre d'adeptes du sport extrême en quête d'un affrontement direct avec une nature mythifiée. Nul faux-semblant ici mais une évaluation rigoureuse de ce que l'on est, non seulement dans l'épreuve mais aussi, finalement, comme sujet. Le *wilderness* décerne un brevet d'existence bien supérieur à celui de la société. L'alpiniste Walter Bonatti le dit à sa manière : « Dès mon enfance j'ai trouvé beaucoup plus facile de traiter avec la nature qu'avec les hommes. Je trouvais en elle je ne sais quelle loyauté qui rendait possible un silencieux, un affectueux dialogue,

1. Bernard Moitessier, *La longue route,* Paris, J'ai lu, 1986, p. 10.

tandis qu'au milieu des hommes et de leurs procédés souvent sournois, et faute d'y être préparé, je me débattais désorienté. »[1]

« La nature ne ment pas », comme le rappelle l'un des clichés de la glisse : « Je n'ai pas droit à l'erreur, un faux mouvement et c'est la chute, c'est à moi seul de savoir ce que je veux, de ne pas faire d'erreur », dit un grimpeur habitué au solo dangereux. Yves Bessas, orfèvre d'une glisse posée en un « nouvel art de vivre » en « fusion » avec les éléments, le dit sans ambages en commentant les nombreux accidents qui ont marqué la naissance du deltaplane : « Le libériste qui capte l'énergie du monde au profit d'un pouvoir personnel, au lieu de la retransmettre en don, en générosité, en fusion, se condamne. Les libéristes qui se sont écrasés contre des falaises, ou sont tombés en chute libre, ou ont été emportés par un courant ascendant, ne se comptent plus. Grisés de glisse, ils n'ont pas su apprendre à respecter ce que la nature leur enseignait. »[2] Celui qui perd l'alliance au monde, le don de soi aux éléments, la fusion de son corps à l'environnement est guetté par le réveil brutal d'une nature qui se rebiffe. Si le pratiquant est indigne de la danse avec les éléments, il sera interdit de séjour et chassé du « paradis ».

Il mesure en permanence sa responsabilité propre dans sa progression, il ne « triche » pas davantage avec lui-même. La longue ordalie sur le fil du rasoir prodigue enfin à l'individu une réponse ferme à la question redoutable de la valeur de son existence. « Les gens me faisaient peur, je trouvais qu'ils étaient très faux, il fallait sans arrêt composer. Je me suis dit que dans le fond la nature ne me déçoit pas, elle est là, elle est réelle... Si on ne l'aime pas, si on se moque d'elle, elle ne nous

1. Walter Bonatti, *À mes montagnes,* Paris, Arthaud, 1962, p. 11.
2. Yves Bessas, *La glisse,* Paris, Fayard, 1982, p. 174.

le pardonne pas. C'est vrai. Si vous ne faites pas attention et que vous partez s'il y a un orage, vous risquez de prendre la foudre. C'est bien fait pour vous, vous l'avez cherché, il ne faut pas s'amuser », dit une femme alpiniste (Assedo, 1985, p. 19). La nature se donne à la manière d'une ordalie diluée dans le temps, elle est un jugement moderne de Dieu, même si ceux qui l'interrogent de cette manière radicale ne sont pas croyants. Elle est muée en figure destinale vouée à dire ou non la légitimité d'exister dans un jeu symbolique avec la mort qui permet à une vérité radicale pour le sujet de venir à jour.

La chance ambiguë de l'épreuve, par l'âpreté de son déroulement, amène à connaître enfin qui l'on est, à mettre de l'ordre dans le chaos de son existence ou le brouillage de son identité. Arbitre assorti d'un jugement sûr, elle tranche tout dilemme, force la réponse à la question diffuse de sa valeur personnelle. « La nature est une partenaire honnête », « ici, si tu triches, tu meurs » : paroles banales des aventuriers du dimanche ou des cadres en stage de survie, des trekkers de l'Himalaya ou des « nouveaux aventuriers ». L. Bourgnon explique que « parfois quand tout va mal (la mer) me fait croire en Dieu. (Elle) te met face à toi-même, c'est un miroir, surtout quand tu navigues en solo. Tu ne peux rien cacher. Tu es nu comme un ver. Ce n'est pas le matériel que tu as qui compte, tu n'es qu'un grain de sable, un rien. Et la mer décide si elle te laisse passer ou non » (*Le Nouveau Quotidien,* 13 décembre 1992). Jo Le Guen, qui voulait relier à la rame Wellington à Ushaïa en Argentine renonce à un tiers du parcours à cause d'un début de gangrène aux pieds. Il explique qu'il « veut de la gnaque, pas de "cher ami". Sur l'eau, tout est tellement simple : une dépression, c'est plus franc qu'une société » (*Télérama,* 28 juin 2000). « Il faut se mettre à nu, accepter d'avoir mal, dit Laurence de la Ferrière, première Française à atteindre le pôle Sud sans assistance. On est dans un autre monde. Il faut l'apprivoiser, muter, se faire adopter. Cela nécessite une très grande humilité. » Guy Delage, avant sa traversée de l'Atlantique à la nage, déclare : « Je sors maintenant de la société des hommes. Aujourd'hui commence ma retraite psychologique. Je nage pour échapper aux contraintes de la normalité » (*Libération,* 19 décembre 1994).

« On est dans un milieu naturel qui est la mer et on ne va pas contre la mer, dit Isabelle Autissier. On se bat avec la mer. Il faut essayer de comprendre les règles du jeu de ce milieu naturel, qui sont précises et, en général, très compliquées. Il n'y a pas de vérités clairement évidentes, mais il y a un fonctionnement de ce milieu naturel qu'il faut intégrer. C'est un jeu passionnant : être à sa place » (*in* Le Scanff, 1999, p. 1843). Dans le contexte plein de périls, toute décision, tout geste porte son poids de vérité qui permet de surmonter l'obstacle ou d'être balayé par la moindre erreur d'appréciation. Ce monde tranchant, avare de seconde chance, est dénué de complaisance parce qu'il est hors de la contamination de l'esprit de l'homme, il matérialise une parole de vérité sur soi, ses compétences.

C'est dans cet esprit qu'il faut entendre la phrase terrible attribuée à Éric Tabarly, selon laquelle « un homme qui tombe à l'eau n'a pas sa place dans un bateau ». La souveraineté que la mer accorde est réversible à tout instant, un incident, une minute d'inattention, même d'un grand marin, peut lui être fatale. L'alpiniste Tomaz Humar écrit à propos de la montagne : « Tu dois sentir l'esprit, l'âme de la paroi. Si tu la sens, tu as confiance en elle, et si la paroi retient que tu mérites de la gravir, alors elle t'accepte. C'est une sensation particulière, exceptionnelle » (*L'Année montagne,* n° 11, 1998).

La relation à la « nature » s'instaure en révélation de soi. « On peut se tromper sur soi même, ou sur les autres, mais la montagne (ou la mer) ne triche pas », écrit une jeune femme après un stage dans le Verdon avec une dizaine de participants, sous l'égide d'un organisme spécialisé. Le privilège de la nature est de se donner moralement entière, sans hypocrisie. Elle dit le vrai sans tergiverser puisqu'elle énonce concrètement son verdict en sanctionnant l'erreur ou en récompensant l'action juste. De technique, la faute devient simultanément morale. L'individu est censé se mettre à hauteur des exigences de la nature extrême, d'en accompagner les mouvements ou les caprices sans lui faire violence, sinon à s'exposer à la rebuffade. Chaque geste devient une ordalie potentielle aux conséquences plus ou moins néfastes.

La nature extrême offre une pleine responsabilité à l'individu dans ses conduites, elle révèle ses ressources morales et physiques sans la moindre complaisance. Elle est un moyen d'échapper aux difficultés sociales ou personnelles face auxquelles on se sent démuni ou amer, afin d'aller au devant d'une adversité enfin tangible, de problèmes à résoudre qui ne se dérobent pas aux efforts fournis, offrent une résistance sans ambiguïté. Des lieux solitaires et difficiles d'accès, exigeants dans leur usage, périlleux pour qui commet la moindre maladresse, exerçant une autorité incontestable par leur grandeur, leur beauté, leur « loyauté », accueillent des individus dont le propos est de s'immerger au sein d'un monde plus propice, loin de leur existence routinière.

Ainsi le retour à la vie quotidienne ou professionnelle est-il effectué avec le sentiment de s'être forgé un caractère bien trempé pour se défendre dans une société perçue comme impitoyable et perverse. Même si elle est magnifiée dans le discours, la nature se donne comme une sorte de camp d'entraînement favorisant la maîtrise personnelle de situations difficiles de la vie sociale, sorte de sas permettant à l'individu de reprendre son souffle, de tester sa résistance, de vérifier le fait de son existence. La formation *out door* en entreprise, ou les activités dites à risque proposées lors des stages d'insertion pour les jeunes en difficultés reposent sur le principe du transfert des qualités acquises dans la nature extrême aux situations de la vie quotidienne ou professionnelle.

Le détour par son envers devient une voie royale d'accommodation à un monde honni, le temps de l'aventure ou du stage. Le *wilderness* devient la clé pour apprivoiser le retour au lien social après avoir été célébré comme instance de dépouillement, de révélation de soi. Le recours à la « pureté » de la nature se révèle le meilleur atout de celui qui compte bien s'imposer dans le monde impur dénoncé les heures précédentes. Dans ces activités, il ne s'agit nullement de « revenir à la nature »[1], mais de se confronter pour une durée provisoire, et souvent soigneusement encadrée, au frisson qu'elle est susceptible de produire. La nature, si elle cesse de s'offrir sous les auspices tranquilles du paysage ou de l'environnement, et s'il faut l'affronter physiquement lors d'une épreuve de longue haleine ou d'une expérience de « survie » de quelques jours, est promue puissance de révélation. Elle est le lieu où meurt le vieil homme, où naît le nouveau[2].

1. Cette recherche provisoire, délibérée, tranche avec l'« ensauvagement » de la vie par la « nature » que décrivait Serge Moscovici, *Hommes domestiques et hommes sauvages,* Paris, UGE, « 10-18 », 1974. Dans les activités que nous évoquons ici, la nature, même si elle est louée, n'en reste pas moins un simple recours technique permettant de retrouver un second souffle sans rien perdre des avantages de la modernité. Nous sommes également ici éloignés des pratiques d'écologie douce que décrit Georges Vigarello, « D'une nature l'autre. Les paradoxes d'un nouveau retour », *in* C. Pociello, *Sports et sociétés. Approches socioculturelles des pratiques,* Paris, Vigot, 1981.

2. D'où l'impératif, pour nos sociétés, de ménager des espaces « sauvages » en dehors des réglementations ou des accès balisés. L'association *Mountain Wilderness* se bat pour la création d'espaces qui resteraient non aménagés, « réserves de premières », *white wilderness* (R. Messner) ; zones de « totale aventure » interdites aux 4x4 ou aux hélicoptères (*Montagne Magazine,* n° 110, 1988). Certains de ses membres revendiquent même « des terrains défendus où il serait possible de se perdre et de mourir sans secours » (*Le Monde,* 28 octobre 1988).

Se connaître consiste à s'approprier l'incertitude qui règne en soi, apprivoiser la part insaisissable que seules les circonstances dévoilent en mettant l'homme à nu devant les éléments. L'individu, non sans un luxe de précautions, mais non sans danger, abandonne son « abri » et se tourne vers ce que Rilke appelle l' « Ouvert », c'est-à-dire ici une nature purifiée de toute empreinte humaine (à ses yeux), au sein de laquelle il se livre aux « forces pures » (Rilke) pour s'enquérir de sa valeur propre. Au terme d'une série d'épreuves, bien des marins d'exception, des alpinistes ou d'autres adeptes de l'extrême trouvent leur réponse personnelle et abandonnent la course aux records ou aux compétitions pour retrouver la pure jouissance de naviguer, de marcher ou de grimper. La vérité intérieure une fois atteinte illumine l'existence, elle lui donne un apaisement, une nouvelle rencontre avec les éléments.

Cette relation intense avec la nature s'impose aujourd'hui surtout comme une épreuve de vérité faisant jaillir un supplément de sens qui procure à l'individu une jubilation, parfois même une sorte d'extase, d'union sans défaut avec le monde. Le corps-à-corps avec la nature accouche d'une réponse oraculaire sur la signification et la valeur de son existence propre. Lorsque la société échoue à donner à l'individu un sentiment de plénitude qui rende la vie digne d'être vécue, la nature, à travers une épreuve symbolique, l'accorde dans une vérité incontestable. Elle donne son verdict, confirme l'individu sur sa valeur personnelle. Au-dessus de la mêlée, intègre, elle est un lieu éminent de fabrication du sacré à usage intime. Là, où aux yeux de l'usager du *wilderness* la société ou la compagnie des autres est discréditée, la pureté morale de la nature vaut légitimité, espace où se relier *(religere)*.

Ce passage paradoxal immerge l'individu au sein du monde. Parce qu'elle est l'antithèse d'une société pensée comme « antinature » à tous égards, la nature autorise la réconciliation à soi et au monde. Espace de transition où se dépouiller de son ancienne identité, ou parenthèse de jubilation sensorielle, dans l'un ou l'autre cas, il s'agit d'en revenir avec une force et une lucidité accrue. Autorité sans défaut puisque non souillée par l'imperfection de l'homme, elle s'érige en figure symbolique du maître de vérité. En se confrontant physiquement à elle, l'individu entend se régénérer, se purifier des scories introduites par la nécessité d'une confrontation au lien social. La nature, dans le compagnonnage de la mort, est comme une vérité ultime de l'individualisme occidental, elle s'impose en unique partenaire digne de valeur, la seule interlocutrice méritant quelque respect.

# *Usages pédagogiques des situations à risque*

## LES FORMATIONS *OUT DOOR* EN ENTREPRISES

La vérité intérieure que les adeptes de la nature extrême cherchent dans l'austérité des épreuves et le recours permanent à leurs ressources physiques est souvent bien banalement une capacité à s'adapter au monde de l'entreprise ou à une société de performance et de concurrence. « Faire sauter les blocages qui empêchent les initiatives individuelles, partager les responsabilités et passer du mythe du chef au mythe de l'équipe, savoir motiver et entraîner une équipe, créer les conditions d'une bonne communication et d'une solidarité, devenir capable de maîtriser le changement plutôt que de le craindre, savoir innover et prendre des risques » (Kerjean, 1990, p. 22) explique A. Kerjean, patron de l'un des organismes *out door*. Le but est d'amener les participants à une réflexion sur la possibilité d'un transfert des « qualités » propres aux activités sportives dans le monde du management.

Dans le courant des années 1980, les entreprises intègrent à la formation de leurs dirigeants des mises en situation impliquant un jeu métaphorique avec le risque, un engagement physique dans un environnement malaisé à contrôler, où s'en sortir impose de puiser dans ses réserves (Ehrenberg, 1991).

Les formations *out door* sortent alors de leur discrétion relative et suscitent un engouement dont la presse se fait l'écho, sidérée de voir des cadres supérieurs sauter d'un pont à l'élastique, escalader des rochers à pic, voire des hautes montagnes (Raveneau, 1994), descendre des fleuves en raft ou vivre plusieurs jours en conditions de survie dans une région déserte. On parle alors de « formation par l'aventure », sans se soucier du paradoxe enrôlant l' « aventure » dans une action pédagogique solidement encadrée par des spécialistes entendant satisfaire à un certain nombre d'exigences sur une période limitée.

Vingt ans après, la radicalité des activités physiques et sportives proposées aux entreprises se nuance, mais les activités de plein air demeurent populaires. « Il ne s'agit vraiment pas d'encourager des Rambo à cravate », dit S. Koening (*Libération,* 9 mai 1994). Les parcours à l'enseigne du risque sont moins sollicités, mais toujours présents : VTT, canyoning, rafting, parcours d'orientation en forêt, équilibre sur des poutres, se laisser tomber et être rattrapé par les membres du groupe, escalades en falaise, parachutisme, descentes en rappel de hauteurs, etc. Ces exercices mettent en position critique des hommes accoutumés au confort, ils les contraignent à composer avec le groupe pour toute décision, alors qu'ils incarnent au sein de leur entreprise une autorité incontestable sur leur domaine de responsabilité. Ils sont mis symboliquement en danger (du moins le croient-ils), alors qu'ils sont habitués à la sécurité, malmenés, alors qu'ils sont d'ordinaire ceux qui ont le pouvoir de malmener les autres, astreints à des activités intenses, alors qu'ils n'ont guère le temps de se dépenser dans leurs loisirs. La situation limite où ils sont plongés a pour volonté de les mettre en question, de les forcer à s'interroger sur eux-mêmes, à prendre conscience de leur fonctionnement au sein d'un groupe, à évaluer leur capacité à prendre des décisions dans l'urgence ou à entendre et à tenir compte des arguments avancés par les autres. Les exercices en *out door* prétendent briser la carapace de l'identité afin de forcer le cadre à se percevoir sous un autre jour, non plus seulement adapté, c'est-à-dire figé dans une attitude, mais ouvert à la transformation de soi face à des circonstances changeantes. Pour former aux incertitudes du management, on transporte métaphoriquement en pleine nature des situations aléatoires qui requièrent la mobilisation de l'ensemble des qualités physiques et morales du cadre.

Une culture du risque calculé inhérente à l'entreprise est encouragée par une mise en situation, sur une autre scène, mais dont on attend des retombées sur la vie personnelle, et surtout professionnelle. Lors de ces stages, les participants sont soumis aux mêmes épreuves, s'encouragent mutuellement lors des moments difficiles et apprennent à faire face. Même s'il lui fait violence, l'exemple du collègue qui vient de surmonter sa peur est la meilleure incitation pour celui qui, s'il a pressenti un moment sa faiblesse, se voit offrir la possibilité de se reprendre plus tard. Loin du confort et de la tranquillité d'un séminaire à la campagne ou dans un grand hôtel, avec un enseignement oral n'engageant rien de la vie personnelle, ces formations visent à laisser des traces définitives dans la mémoire, à travers une radicale mise en question de soi.

Le cadre expérimente l'importance de l'équipe, la confiance mutuelle, la conjugaison des compétences, la prise de décision dans l'urgence, la nécessité de l'obstination pour sortir d'une mauvaise passe. Il est soumis de manière brutale aux conséquences d'un acte mal réfléchi ou d'une initiative trop impulsive, d'une communication maladroite ou d'un excès d'autorité. Toute erreur d'appréciation retentit sur le groupe, la sanction tombe d'elle-même sous la forme du dessalage, de l'égarement dans la forêt, du retard pris sur le retour, de l'impossibilité de boire ou de manger, de devoir dormir à la belle étoile faute d'avoir su rallier le refuge à temps, etc.

Expérimentation de la dynamique de groupe non plus en vase clos, mais dans une situation concrète d'affrontement à une adversité relative construite par les promoteurs du stage afin de tester la capacité personnelle et collective à faire face, les formations *out door* déstabilisent d'entrée de jeu les repères coutumiers des cadres en les plongeant en pleine nature avec leurs seules ressources physiques. Les animateurs sont en retrait, ils laissent l'initiative au groupe, même pour le pire, puisque telle est la philosophie du *out door,* d'apprendre en vivant l'événement et en tirant la leçon de ses conduites. Ainsi livrés à leur inventivité propre, les participants sont amenés à créer entre eux les conditions d'une communication pertinente, à situer les compétences respectives en face de chaque situation, à prendre conscience des ressources latentes dont ils disposent, à maîtriser le changement en sachant prendre des risques. Ils sont invités à réfléchir sur les transpositions des exercices physiques qu'ils ont vécus dans le domaine du management. L'effort en commun, la fatigue et la peur partagées, le fait de marcher, de dormir ensemble à la belle étoile ou à la dure créent des liens, développent des solidarités, favorisent sans doute l'illusion groupale analysée autrefois par Didier Anzieu, mais provoquent une meilleure connaissance de soi et des autres.

L'intention recherchée par les organisateurs consiste dans la rupture de l'ancienne identité professionnelle (et même personnelle) de l'individu pour l'amener à percevoir le monde autrement, afin de devenir plus mobile, plus assuré dans ses contacts avec ses clients ou ses subordonnés. Une telle expérience, par son intensité et son exigence, laisse des traces, alimente une meilleure confiance en soi, une mémoire de la peur surmontée utile dans la négociation avec les clients ou dans l'impératif de décision urgente qui s'impose. Elle peut être une manière perverse d'éliminer certains cadres jugés peu performants ou trop émotifs devant l'obstacle. Elle est aussi susceptible d'entamer l'estime de soi pour celui qui malgré les efforts du groupe et des animateurs n'a pas osé se lancer.

## LES ACTIVITÉS À RISQUE DANS LE TRAVAIL ÉDUCATIF ET SOCIAL

À la fin du siècle dernier, le souci de moraliser la jeunesse dans un contexte de crise sociale suscitait le développement de *Boys Brigades,* puis le scoutisme à partir de 1908, sous l'égide de Baden Powell, afin d'impliquer les jeunes dans une relation concrète à la nature en misant simultanément sur la discipline consentie et sur le désir d'aventure, d'autonomie, le goût de l'effort physique[1]. Bien d'autres expériences se nourrirent de ces méthodes d'immersion en conjuguant travail scolaire et implication réelle dans le monde pour responsabiliser le jeune, tremper son caractère, l'amener à la coopération avec les autres. Mais le scoutisme, touchait surtout les plus jeunes, leurs aînés se reconnaissant mal dans les jeux proposés ou le moralisme ambiant.

En Allemagne d'abord, à Salem au bord du lac de Constance, dans le château des marquis de Bade, puis en Grande-Bretagne après son exil, Kurt Hahn développe l'École du Grand Large. « L'amour de l'aventure, du danger et du risque était la plus grande des grandes passions qui pouvait "protéger" la jeunesse et l'inspirer, commente R. Skidelsky. Naviguer sur des mers dangereuses, prendre part à de difficiles expéditions, faire de l'alpinisme – ces activités d'hommes aideraient aussi les jeunes garçons à développer un idéal, à

1. Pour une étude récente du scoutisme, nous renvoyons aux différents articles à ce sujet dans *Agora,* n° 11, 1998, et dans Pociello, Denis (2000).

vaincre de multiples obstacles et à former des amitiés susceptibles de transformer leur conception de la vie. »[1] Important pôle d'éducation de la Grande-Bretagne de l'après-guerre, l'École de Hahn radicalise le scoutisme, recevant des jeunes de 15 à 19 ans, réunis en équipes de 10 à 12 membres pour un programme intense de quatre semaines. L'accent étant davantage porté sur les garçons que sur les filles. Expéditions en montagne, formation d'équipages pour voiliers, etc., il s'agit surtout de restaurer forme physique, confiance en soi, goût d'entreprendre, coopération, etc. La formation du caractère prime sur tout autre considération. L'influence de Hahn a essaimé en maints autres lieux à travers le monde.

L' « aventure » s'érige en principe éducatif. Le jeune qui s'est senti en danger, menant à terme une expédition éprouvante et prenant conscience de ses ressources personnelles, se sent fier d'avoir réussi. Le retentissement ne s'achève pas à l'arrivée au port, mais se prolonge dans la vie personnelle, enseigne l'autonomie. Plonger le jeune dans une situation difficile, et, à ses yeux, dangereuse, en le laissant développer avec les autres sa créativité et son courage est aujourd'hui un domaine important des activités physiques ou sportives de pleine nature dans le cadre du travail social. De nombreuses expériences ont été menées aux États-Unis, ou au Canada, avec des jeunes (ou des adultes) en rupture de ban : délinquants, toxicomanes, etc. Non sans retard sur la Grande-Bretagne, elles gagnent le reste de l'Europe surtout dans les années 1980, précédées, bien entendu, par nombre d'actions individuelles, comme celle du P. Jaouen embarquant de jeunes toxicomanes en croisière autour du monde. Elles connaissent

1. R. Skidelsky, *Le mouvement des écoles nouvelles anglaises,* Paris, Maspero, 1972, p. 213.

une vogue grandissante en lien avec l'engouement de ces activités de loisir pour l'ensemble de la population.

Expéditions, raids, sports-aventures emmènent des jeunes en difficulté sur les routes, les montagnes, les fleuves, les déserts, ou les mers, dans les brousses ou ailleurs, sollicitent leur engagement physique et leur courage, même si le plus souvent les dangers relèvent davantage du fantasme ou de la méconnaissance du terrain que de réelles menaces. Les pratiques du travail social se renouvellent et cherchent à atteindre les jeunes qui nouent une relation privilégiée avec le risque. Parachutisme, escalade, alpinisme, trekking sont ainsi devenus des activités de prédilection entre les mains des éducateurs ou des animateurs. Certes, parler ici de « pratiques à risque » est une manière de solliciter plutôt un imaginaire du risque. Sauter en parachute après quelques cours, escalader une paroi en étant bien assuré n'exposent guère au danger, mais pour le jeune impliqué dans ces activités, l'appréhension vaut comme une instance de fabrication du sens, elle est une manière de forger une meilleure estime de soi en apprenant à se situer au sein d'un groupe.

Nous développerons ici l'exemple de l'escalade, quand elle implique un rapport à la montagne ou aux falaises[1]. Les murs sont en effet des exercices d'un autre ordre, ils n'introduisent aucune rupture qualitative avec le milieu habituel de vie. Ils proposent une activité physique parmi d'autres, comme peuvent l'être le VTT, le jogging, ou le football.

1. Nous renvoyons également aux travaux de François Chobeaux, « Les applications socio-éducatives et thérapeutiques de l'escalade », *in* C. Dupuy (dir.), *Escalade,* Actio, 1991, p. 307-311 ; « Activités physiques de plein air à risques et insertion sociale », *Prévenir,* n° 24, 1993, p. 65-72. F. Chobeaux (éd.), *Escalades,* Paris, CEMEA, 1994 ; Collectif, *Sport-aventure pour jeunes en difficulté,* Bruxelles, Fondation du roi Baudouin, 1992. Sur le plan thérapeutique, cf. Pascal Petitqueux, « Jean-Pierre : "moi, je..." ou la renaissance », *Objectif soins,* n° 13, 1993, p. 50-54.

Quand elle exige le déplacement dans une autre région ou un lieu inhabituel, l'escalade est pour le jeune l'opportunité de vivre un moment hors du commun, coupé des routines du quotidien. Une telle activité doit être réellement choisie, et non s'imposer dans la pesanteur d'un fonctionnement institutionnel. Changer de lieu est aussi changer de milieu, de repères, d'interlocuteurs ; prendre une distance propice avec son environnement ; bouleverser provisoirement sa vision du monde ; s'ouvrir à une autre dimension de l'existence. Le déplacement implique la surprise : découverte de lieux inattendus, prise de conscience de capacités longtemps effacées, possibilités d'éprouver physiquement un monde qui se dérobe psychologiquement et de retrouver une confiance en soi que démentaient les expériences antérieures. Le jeune découvre là des formes d'organisation sociale qui ne prévoient pas le vol ou l'agressivité comme rapport à l'autre : voiture non fermée à clé, vélo ou Mobylette sans antivol, etc.

L'escalade propose également un jeu métaphorique avec la mort. Elle contribue à fixer la peur ou l'angoisse en dressant une scène contrôlée où le sujet brave ses terreurs intimes ou son ambivalence envers la mort au cours d'une activité où veillent les animateurs. L'affrontement à la mort s'effectue dans un rapport intense à la tangibilité du monde, où l'acteur n'est pas démuni puisqu'il connaît les gestes à accomplir et l'objectif à réaliser. La réussite procure un sentiment de valeur personnelle, de goût de vivre renouvelé. Une reprise en main de soi se produit parfois à la faveur de l'escalade réussie. La mémoire de l'épreuve surmontée est nourrie par l'imaginaire du danger et l'intensité de l'effort. En distillant en lui les vertus anthropologiques de la prise de risque, on présume qu'il résistera à l'appel de s'y livrer ailleurs. Si l'épreuve est banale elle ne laisse guère de trace.

L'escalade est une activité physique qui ne délaisse aucune parcelle du corps. Tous les muscles, les membres, les mouvements sont sollicités. L'effort est continu et total. Il ne fait pas seulement appel à la dépense, il implique aussi une vigilance de tout instant. L'escalade propose des retrouvailles sensorielles avec le monde. Elle s'inscrit ainsi dans la passion moderne des activités qui exigent des acteurs de donner le maximum de leurs ressources. Et selon la force de l'épreuve qu'il traverse, le jeune se donne provisoirement ou durablement une meilleure prise sur son existence. Dans sa relation à la paroi, il se sent contenu *(containing),* il appuie en permanence son corps contre une limite. Son débat permanent envers un monde qui lui échappe se substitue ici à un débat avec une matière dont il accompagne les courbures en les touchant de sa propre main. Il sait à quoi il se coltine. Emblématique, l'escalade conjugue vertige et contrôle, abandon et toute-puissance. Un instant elle octroie à l'individu le sentiment de s'appartenir, de maîtriser la confusion qui règne au cœur de sa vie.

La sociabilité d'une telle entreprise est réduite à sa plus simple expression, centrée sur l'efficacité et l'effort, ouverte à des volontaires. Elle donne à voir une forme élémentaire et active du lien social. Elle libère des images qui collent à la peau et induisent le jeune à s'y conformer. La pression de l'environnement social perd son insistance habituelle. Le plaisir des animateurs, leur motivation à faire partager leur passion sont une autre garantie de la pertinence de la démarche. L'acteur est immergé au sein d'un groupe où la responsabilité de l'un appelle en retour celle de l'autre à son égard, sous peine de mettre l'expédition en péril. Injonction homéopathique de lien social et de confiance, sans s'exposer à une trop grande implication.

Lors de l'escalade, les règles naissent d'une relation concrète à la nature et découlent de l'efficacité et de la sécurité qui doivent sous-tendre l'action. Le jeune n'est pas ici confronté à une loi qu'il juge vide de sens ou oppressive, imposée de l'extérieur, il construit lui-même dans son rapport à la paroi les modalités d'action auxquelles il se soumet. « Ici, la seule autorité est celle de la montagne », dit un jeune. Tenant sa sécurité entre ses mains, il apprend à reconnaître la nécessité de repères et la collaboration avec les autres. Une telle activité met en jeu le risque de mourir, elle sollicite toute l'épaisseur du rapport au monde et exige de prendre sur soi d'affronter la chute, elle invite à la confiance en soi et dans les autres, elle produit nécessairement des effets sur la sécurité de base de celui qui ose l'entreprise. Elle renforce le lien social et confirme le jeune sur sa valeur, sur la reconnaissance dont il est l'objet de la part de ses partenaires. Elle amène à la prise en considération de l'autre, alimentant ainsi le sens de la responsabilité. L'escalade a d'emblée une résonance symbolique, elle porte sur une « autre scène » les fragilités inhérentes à l'individu et lui offre simultanément un lieu pour les combattre dans un climat propice où se joue en permanence l'essentiel. « Lorsqu'on grimpe, dit un jeune, on risque un peu sa vie. Prendre un fix c'est aussi jouer avec la mort. Mais ici on se bat pour vivre. C'est une conquête et non plus une fuite » (*Libération,* 12 février 1991).

Le travail de préparation, le rêve éveillé qui précède la réalisation de l'escalade ou de la randonnée, l'évocation au retour des temps forts de l'entreprise libèrent des bouffées d'imaginaire, créent un moment de rupture avec les temporalités habituelles, un jaillissement provisoire du goût de vivre. Le cours de l'escalade est un moment d'exception, il participe du sacré personnel, et en cela il réintroduit la dimension du temps et celle de la valeur. Il irrigue une existence marquée par l'échec ou l'exclusion. Et ce moment fort, nul ne sait à l'avance ce qu'il génère, quel processus initiatique il vient ébranler, qui mettra peut-être des années avant de mûrir, mais sans lequel rien n'aurait été possible.

L'escalade (ou tout autre activité sollicitant le jeu imaginaire ou réel avec le risque) n'est qu'une technique. Ce n'est pas une fin en soi. Elle ne possède aucune vertu magique de restauration du goût de vivre qu'il suffirait de prescrire à certaines populations. Elle mobilise, au cours d'une activité intense, la peur, le vertige, le vide, la relation imaginaire à la mort, c'est-à-dire des instances très puissantes de la vie personnelle et surtout inconsciente des acteurs. Les affronter « sur une autre scène » contribue à les apprivoiser. Le narcissisme réparé, l'impression forte ressentie pour avoir été capable de surmonter l'obstacle, sont des sentiments qui ne disparaissent pas avec le retour à l'institution ou à la famille. À moins qu'au fil des mois la chronicité ou l'abandon ne viennent en atténuer les effets, voire ne les fasse disparaître complètement.

Qu'il s'agisse de l'escalade, d'une descente de fleuve en raft, ou d'une session de parachutisme, l'activité n'est qu'un outil dont les dispositions anthropologiques sont puissantes, mais dérisoires si ses effets heureux ne sont pas relayés au retour par la poursuite du cheminement thérapeutique ou socio-éducatif. L'indifférence ou la révolte s'imposent parfois chez des jeunes qui perçoivent l'escalade comme une récréation avant le retour à une institution ou un quartier où l'existence personnelle ne s'attache à aucune valeur, à aucune signification. En ce sens, l'escalade vaut ce que valent les animateurs, leur qualité de présence, leur capacité à susciter la confiance, leur solidité à jouer un rôle de contenant, et surtout de relais.

Ces activités n'opèrent pas un transfert tranquille des attitudes mises à jour lors de l'expédition à celles de la vie quotidienne. Entre les deux situations, la distance demeure ; si certains la franchissent, d'autres, à l'inverse, vivent douloureusement le retour au quotidien, et entrent dans une surenchère des comportements que l'activité voulait justement prévenir. Mais si ces passages à l'acte sont repris par les éducateurs ou les psychologues, interrogés au lieu d'être punis ou versés sur le compte de l'ingratitude ou de l'échec de l'opération, le jeune peut rebondir et se retrouver dans le sillage de son apprentissage antérieur. Il n'en reste pas moins que les jeunes les plus soumis à une vie amère et risquée témoignant d'une relation turbulente aux interdits, fuient ces activités ou posent d'insolubles problèmes relationnels au sein des groupes.

Par leur intensité physique, l'émotion née des risques perçus, réels ou imaginaires, l'aspect collectif de l'entreprise, la responsabilité engagée les uns envers les autres, ces pratiques de pleine nature, ou ces sports dits « à risque » ouvrent une voie propice à l'acheminement du jeune vers l'autonomie. Elles lui apprennent à mieux se situer face aux autres, déplacent le jeu symbolique avec la mort ou l'affrontement à la société, vers un espace où ces conduites sont discutées, mieux comprises, elles (re)construisent l'estime de soi, une meilleure confiance en ses capacités physiques ou morales. L'émotion qu'elles dégagent, corollaire de la peur, de la fatigue, de l'arrachement à soi parfois nécessaire pour l'accomplissement des gestes requis, marque la mémoire et agit sur le sentiment d'identité plus efficacement (surtout pour ces populations de jeunes en difficulté) que ne le ferait une activité plus tranquille et sédentaire. Mais le moteur de ces entreprises est rarement (sinon jamais, pour des raisons éthiques et déontologiques) le risque réel (sinon, pour eux, le risque de la rencontre avec d'autres), mais plutôt le risque dans l'imaginaire (souvent urbain) du jeune.

# *Ouverture : le jeu de vivre*

> « ... La vie humaine ne peut en aucun cas être limitée aux systèmes fermés qui lui sont assignés dans des conceptions raisonnables. L'immense travail d'abandon, d'écoulement et d'orage qui la constitue pourrait être exprimée en disant qu'elle ne commence qu'avec le déficit de ces systèmes ».
>
> (Georges Bataille, « La notion de dépense », in *La Part maudite*).

## DES JEUX SYMBOLIQUES AVEC LA MORT AU JEU DE VIVRE

Historiquement, l'ordalie est un rite judiciaire sous une forme radicale fournissant dans le même mouvement la preuve à charge et la mise à mort du coupable, ou bien l'innocence et la survie. Elle est connue dans certaines sociétés traditionnelles, dans l'Antiquité ou au Moyen Âge. Impuissants, faute de preuves tangibles, pour dire sans équivoque l'innocence ou la culpabilité d'un homme sur lequel pèse un soupçon grave, les hommes s'en remettent à Dieu ou aux dieux pour émettre le jugement. L'instance divine sollicitée rend son verdict au fil d'une épreuve douloureuse ou dangereuse. En en sortant indemne, l'homme montre que la divinité est à ses côtés dans l'affirmation de son innocence. S'il meurt ou s'il échoue, sa culpabilité ne fait plus de doute au regard de sa communauté. S'il surmonte l'épreuve en sa faveur, l'individu retrouve une position plus solide à l'intérieur de son groupe du fait d'avoir été injustement soupçonné. L'ordalie ne tolère pas les demi-mesures. La vie ou la mort sont les deux termes de l'alternative. Le recours au jugement de Dieu (ou des dieux) implique une adhésion collective à un univers où le divin régit l'existence des hommes. Dans ces sociétés, la puissance surnaturelle interpellée ne saurait se dérober à ses devoirs, elle apporte une réponse ferme et incontestable à la question posée autour de la conduite présumée d'un homme exposé au doute de sa communauté (Le Breton, 2000).

En revanche, pour nos sociétés occidentales contemporaines, l'ordalie est une métaphore, elle en appelle bien à un au-delà de la société, elle est en quête d'une instance légitime qui puisse garantir la valeur de l'épreuve. Mais les dieux sont absents. Par une exposition de soi à un danger délibéré ou non, l'individu affronte un signifiant majeur : la mort, le seul qui lui paraisse encore empreint de légitimité. La mort répond à la question fondatrice, celle de savoir si vivre vaut ou non la peine. L'ordalie moderne ignore ce qu'elle poursuit, elle interroge l'avenir d'un individu coupé de son sentiment d'appartenance à la société et ne répond qu'en ce qui le concerne lui. Figure inconsciente, elle n'est plus une cérémonie. Elle constitue un rite oraculaire pour soi seul. Rite individuel de passage sous une forme radicale. Elle suppose une société à forte structuration individualiste en crise de légitimité et en proie à l'anomie. Elle ne s'adresse ni à Dieu ni aux dieux, mais à la chance, au destin. Elle éprouve la détermination du caractère. À travers une prise de risque excessive, l'acteur joue l'éventualité de mourir pour se garantir. S'il échappe à la mise en péril à laquelle il s'est délibérément exposé, avec une lucidité inégale d'un individu à un autre, il s'administre la preuve que son existence a une signification et une valeur. L'ordalie fait de la prise de risque radicale la matière première à travers laquelle elle fabrique du sens et de la valeur pour l'individu qui l'interroge. Elle n'a rien à voir avec le suicide ou avec une conduite suicidaire, elle n'est pas un appel à mourir, mais à vivre. Elle adresse une demande brûlante sur la signification de son existence, au risque de périr en mettant sa vie sur l'un des plateaux de la balance.

Les signes du sacré sont opposés selon les circonstances. Négatif, pour les conduites à risque des jeunes qui s'appuient sur une souffrance, un manque à être. Il s'agit là de l'une des formes de ce que Otto nomme le « sentiment de la créature », celui d'être jeté dans un univers sans comprendre sa nécessité intérieure d'exister. Positif, au contraire, d'entrée de jeu pour les sportifs de l'extrême qui baignent lors de leurs activités dans une réalité magnifiée, une transcendance émerveillée. Mais les signes sont réversibles, le jeune qui échappe à la mort en allant au bout de son défi, ou qui se réveille indemne à l'hôpital avec ses proches à ses côtés, touche à la conviction de sa valeur propre, il accède peut-être à un sacré positif s'il ressent enfin le goût de vivre[1]. Quand l'homme a éprouvé le frôlement de la mort dans une action dont il a été le maître d'œuvre, il n'est plus le même, il en revient avec un sentiment de force intérieur, de renouvellement de soi qui engage autrement son existence.

Si la trame sociale échoue à légitimer l'existence de l'individu, manque à lui donner des raisons de vivre ou lui procure un enracinement insuffisant au monde, une autre source radicale de création de sens est alors la confrontation symbolique ou réelle à la mort par la médiation d'une épreuve personnelle. Elle n'est pas conçue comme telle, relevant d'une

1. À l'inverse, l'émerveillement ressenti par le sportif de l'extrême est à la merci d'un accident ou d'un échec susceptible de le plonger dans un sacré négatif.

forme inconsciente de résistance, mais elle engage l'individu dans une quête intérieure qui lui donne un sentiment fort d'exister. Le temps de l'action est alors un corps-à-corps avec le sens où peut se retrouver le chemin d'une vie enfin désirée. Le franchissement de l'ultime limite qu'est la mort marque l'outrepassement d'un interdit essentiel, celui de la mise en jeu d'une existence perçue comme valeur absolue. L'individu est arraché à lui-même, plongé dans une dimension inédite de sa relation au monde. Les jeux symboliques avec la mort sont une manière paradoxale de fabriquer du sacré. L'individu entre alors dans une forme de transcendance personnelle, il est habité par son action et s'il peut s'y perdre à jamais, il lui est aussi loisible d'y retrouver la plénitude du jeu de vivre.

« La pire difficulté, dit Alice, est que les aventures ne m'arrivent pas. Oh, comment pourrais-je m'y prendre pour que l'une d'entre elles m'arrive afin que j'aie quelque chose à raconter. » Les jeux symboliques avec la mort, qu'ils soient délibérés ou s'imposent à cause d'une souffrance tenace sont producteurs d'innombrables récits sur soi (Jeffrey, 1998). Ils alimentent une invention narrative de soi à travers un mythe personnel. L'événement se mue alors en avènement à travers sa mise en scène dans une histoire de vie et, surtout, son incidence sur le sentiment d'identité. La « puissance du survivant » (Elias Canetti), si elle est déjà active aux yeux de l'individu, redouble ses effets dans la façon dont l'individu en rend compte pour soi et pour les autres.

Cette passion de la « limite » est une recherche de la butée qui permet de prendre ses marques, de se sentir enfin contenu *(containing),* soutenu *(holding).* La limite ultime qu'est la mort prend ici la place du système symbolique. À travers la frontalité de sa relation au monde, l'individu moderne cherche délibérément des obstacles ; en se mettant à l'épreuve il se donne l'occasion de trouver les repères dont il a besoin pour produire son identité personnelle. La mise en jeu du corps assure l'accès au sens à travers l'épreuve de la mort surmontée. Le contact brut avec le monde se substitue au contact feutré que procurait le champ symbolique. En s'affrontant physiquement au monde, en jouant réellement ou métaphoriquement avec son existence, on force une réponse à la question de savoir si vivre vaut ou non la peine. Pour se dépouiller enfin de la mort qui colle à la vie, on s'affronte à la mort pour pouvoir vivre. Ne pas se dérober devant ses menaces, y tracer les limites de sa puissance renforcent le sentiment d'identité de celui qui ose le défi. Du succès de l'entreprise naît un enthousiasme, une bouffée de sens répondant à une efficacité symbolique qui procure provisoirement ou durablement une prise plus assurée sur son existence.

La métamorphose est à la mesure du danger encouru. Qui ne risque rien n'a rien, dit l'adage populaire. À celui qui accepte de tout perdre, il peut être donné de recevoir beaucoup. La mort surmontée accorde une seconde chance à celui qui a le sentiment d'avoir tout perdu ou qui échoue à donner une signification et une valeur à sa vie. Dans ces conditions, on peut dire que l'individu, de son propre chef, en utilisant une structure anthropologique d'une puissance considérable fait jaillir de l'épreuve réussie une efficacité symbolique grâce à laquelle il intègre les données en crise de son existence, soude un sentiment d'identité plus favorable. La montée aux extrêmes dans le feu de l'épreuve et dans les moments qui en suivent la résolution favorise leur conversion dans le cours ultérieur de l'existence. L'effet de changement peut être une paix ou une euphorie provisoire. Ou produire une réconciliation durable avec le monde. Mais la mort ou la blessure, l'échec, est le prix à payer de l'éventuelle métamorphose. Et parfois, en effet, la mort est au bout de l'ordalie. Mais pour l'individu arrivé à ce point de son histoire personnelle, le prix n'est pas trop fort pour ce qu'il peut gagner. L'ordalie est une instance génératrice de signification. D'autant plus puissante qu'elle intervient comme une nécessité plus ou moins consciente à l'intérieur d'une trajectoire individuelle en crise. L'épreuve sollicite le corps car lui seul est à même de fournir la preuve tangible de l'intensité vécue pendant son déroulement. La mémoire de l'événement est recueillie en profondeur dans la chair et les muscles. La souffrance traversée inscrit la trace irréfutable d'une limite personnelle symboliquement atteinte. Elle dessine ce supplément d'âme (toujours supplément de symbole) qui prouve à l'individu son existence, confirme son sentiment d'identité.

Ivano Gagliardo, un jeune patineur lausannois qui descend à toute allure au milieu des voitures les rues en pente qui mènent au lac explique : « J'ai besoin de savoir ce que je vaux exactement, où j'en suis, chaque fois... J'ai réussi en patin, pourquoi je ne réussirais pas en quelque chose. On sait faire quelque chose... Les problèmes d'argent qu'on peut avoir, de chômage, dès qu'on patine on oublie tous ces soucis. On patine. On a tellement de choses à penser : maîtrise de la pente, vitesse, voitures, piétons, police... On oublie tout. » Ivano a conscience des risques encourus : « On peut se faire shooter par une voiture. On peut rentrer nous-mêmes dans une voiture. On peut shooter un piéton. Mais on maîtrise, on contrôle ; ça nous rassure ; ça nous fortifie. Il faut savoir qu'on peut prendre des risques et, chaque fois, être à la hauteur de ces risques. » Le défaut d'emprise sur le monde amène à une volonté d'immersion physique intense sur un registre limité et provisoire où l'individu établit enfin une souveraineté que nul ne lui mesure. La limite physique vient remplacer les limites de sens que ne donne plus la symbolique sociale. L'individu effectue une évaluation radicale, inconscient de son enjeu. S'il satisfait à son exigence, il se confère à lui-même une légitimité. L'épreuve surmontée, le rite oraculaire a rendu un jugement positif qui remet l'individu au monde.

# *Bibliographie*

*Agora,* « L'aventure n'est-elle qu'une mode ? », n° 11, 1998.

Aït el Cadi H., *Imaginaire et représentation du risque au féminin,* Université de Strasbourg, 1999.

Aït el Cadi H., *Au féminin, in* Le Breton (2002).

Arènes J., Janvrin M.-P., Baudier F., *Baromètre santé jeunes 97-98,* Paris, CFES, 1999.

Arnould E. J., Price L. L., Otnes C., « Making consumption magic. A study of white-water river rafting », *Journal of Contemporary Ethnography,* vol. 28, n° 1, 1999.

Assailly J.-P., *Les jeunes et le risque. Une approche psychologique de l'accident,* Paris, Vigot, 1992.

Assedo Y., *Les conduites à risque dans les organisations contraphobiques. Une étude psychanalytique de l'alpinisme,* vol. 1 et 2, Université de Paris X - Nanterre, 1985.

Atkinson J. W., « Motivational determinants of risk-taking behavior », *Psychological Review,* vol. 64, n° 6, 1957.

Aubenque P., *La prudence chez Aristote,* Paris, PUF, 1963.

Bachmann C., Le Guennec N., *Violences urbaines,* Paris, Albin Michel, 1996.

Bachmann C., Le Guennec N., *Autopsie d'une émeute,* Paris, Albin Michel, 1997.

Ball D. W., What the action is : A crosscultural approach, *Journal for the Theory of Social Behavior,* vol. 2, n° 2, 1972.

Bataille G., *L'érotisme,* Paris, « 10-18 », 1966.

Baudry P., *Le corps extrême,* Paris, UGE, L'Harmattan, 1991.

Baudry P., Initiation et ritualisation, *Études sur la mort,* n° 113, 1998.

Baudry P. *et al., Souffrances et violences à l'adolescence,* Paris, ESF, 2000.

Baux E., « La fugue comme enfance de l'aventure », *Agora,* n° 11, 1998.

Beck U., *La société du risque. Sur la voie d'une autre modernité,* Paris, Aubier, 2001.
Beck U., *Ecological Politics in the Age of Risk,* Cambridge, Polity Press, 1995.
Beck U., *World Risk Society,* Cambridge, Polity Press, 1999.
Beck U., Giddens A., Lasch S., *Reflexive Modernization : Politics, Tradition and Aesthetics in the Modern Social Order,* Cambridge, Polity Press, 1994.
Bell N. J., Bell R. W., *Adolescent Risk Taking,* Newbury Park, Sage, 1993.
Bergeret J., *Toxicomanie et personnalité,* Paris, PUF, 1982.
Bernard J., « The aedemonist », *in* S. Z. Klausner (1968).
Bloch H., Niederhoffer A., *Les bandes d'adolescents,* Paris, Payot, 1963.
Bourgeois P., *En quête de respect. Le crack à New York,* Paris, Seuil, 2001.
Brihat D., *Risque et prudence,* Paris, PUF, 1966.
Caillois R., *Les jeux et les hommes,* Paris, Gallimard, 1958.
Canetti E., *Masse et puissance,* Paris, Gallimard, 1966.
Castelain J.-P., *Manières de vivre, manières de boire. Alcool et sociabilité sur le port,* Paris, Imago, 1987.
Charles-Nicolas A., « À propos des conduites ordaliques : une stratégie contre la psychose », *Topique,* n° 35-36, 1984.
Charles-Nicolas A., Valleur M., *Les conduites ordaliques, in* C. Olievenstein C. (éd.), *La vie du toxicomane,* Paris, PUF, 1982.
Chobeaux F., *Les nomades du vide,* Arles, Actes Sud, 1996.
Chobeaux F. (éd.), *Escalade,* CEMEA, 1994.
Choquet M., Ledoux S., *Adolescents. Enquête nationale,* Paris, INSERM, 1994.
Choquet M., Ledoux S., Hassler C., Paré C., *Adolescents (14-21 ans) de la Protection judiciaire de la jeunesse et leur santé,* Paris, INSERM, 1998.
Cohen A., *Delinquent Boys. The Culture of the Gang,* Glencoe, The Free Press, 1955.
Cohen S., Taylor L., *Escape Attempts. The Theory and Practice of Resistance to Everyday Life,* London, Routledge, 1992.
Collectif, *Le goût du risque. Un défi pour la prévention des toxicomanies,* Lausanne, SFA-ISPA, 1996.

Collison M., « In search of the high life. Drugs, crime, masculinities and consumption », *British Journal of Criminology*, n° 3, vol. 36, 1996.

Connors M. M., « Risk perception, risk taking and risk management among intravenous drug users : Implications for aids prevention », *Social Science and Medicine*, vol. 34, n° 6, 1992, p. 591-601.

Crawford J., Kippax S., Onyx J., Gault U., Benton P., *Emotion and Gender : Constructing Meaning from Memory*, London, Sage, 1992.

Csikszentmihalyi M., *Beyond Boredom and Anxiety*, San Francisco, Jossey-Bass Publishers, 1977.

Csikszentmihalyi M., Rochberg-Halton E., *The Meaning of Things*, Cambridge, Cambridge University Press, 1981.

Cyrulnik B., *Un merveilleux malheur*, Paris, O. Jacob, 1996.

Dejours C., *Travail, usure mentale*, Paris, Bayard, 1993.

Delumeau J., *Rassurer et protéger. Le sentiment de sécurité dans l'Occident d'autrefois*, Paris, Fayard, 1989.

Diogenes G., *Cartografias da cultura e da violência. Gangues, galeras e o movimento hip hop*, Fortaleza, Anna Blume, 1998.

Dolivet P., « Le risque dynamique », *Interventions*, n° 33, 1992.

Domecq J.-P., *Ce que nous dit la vitesse*, Paris, Pocket, 2000.

Douglas M., *Risk and Blame. Essays in Cultural Theory*, London et New York, Routledge, 1992.

Douglas M., *Risk Acceptability According to Social Sciences*, New York, Basics Book, 1986.

Douglas M., « Analyser le boire : une perspective anthropologique spécifique », *Cahiers de sociologie économique et culturelle*, n° 14, 1990.

Douglas M., Calvez M., « The self as risk taker : A cultural theory of contagion in relation to aids », *Sociological Review*, vol. 38, n° 3, 1990.

Douglas M., Wildavsky A., *Risk and Culture. An Essay on the Selection of Technological and Environmental Dangers*, Berkeley, University of California Press, 1983.

Dubet F., *La galère*, Paris, Seuil, 1987.

Dubet F., Lapeyronnie D., *Les quartiers d'exil*, Seuil, 1992.

Duclos D., *De la civilité*, Paris, La Découverte, 1993.

Duclos D., « Puissance et faiblesse du concept de risque », *L'Année sociologique,* 46, n° 2, 1996.

Ehrenberg A., *Le culte de la performance,* Paris, Calmann-Lévy, 1991.

Elkin D., « Egocentrism in adolescence », *Child Development,* n° 30, 1967.

*Esprit,* « Le risque », n° 1, 1965.

*Esprit,* « Le nouvel âge du sport », n° 4, 1987.

Esterle-Hedibel M., *La bande, le risque et l'accident,* Paris, L'Harmattan, 1997.

Ewald F., *L'État-providence,* Paris, Grasset, 1988.

Ewert A., Hollenhurst S., « Testing the adventure model : Empirical support for a model of risk recreation », *Journal of Leisure Research,* n° 21, 1989.

Fabiani J.-L., Theys J. (éd.), *La société vulnérable. Évaluer et maîtriser les risques,* Paris, Presses de l'École normale supérieure, 1987.

Farberow N. (ed.), *The Many Faces of Suicide. Indirect Self-destructive Behavior,* New York, McGraw-Hill, 1980.

Fenichel O., « The counterphobic attitude », *International Journal of Psycho-analysis,* n° 20, 1939.

Ferrero Camoletto R., « Il gusto del rischio. Usi estremi del corpo nella società dei consumi », *Studi di sociologia,* n° 1, 2002.

Finn P., Braggs B., « Perception of risk of an accident by younger and older drivers », *Accident Analysis and Prevention,* n° 18, 1986.

Fontaine A., Fontana C., Verchère C., Vischi R., *Pratiques et représentations émergentes dans le champ de l'usage des drogues en France,* Paris, OFDT, 2001.

*Frontières,* « Les conduites extrêmes », vol. 6, n° 3, 1994.

Garapon A., *Le gardien des promesses. Justice et démocratie,* Jacob, 1996.

Gardner W., *A Life-span Rational-choice Theory of Risk Taking, in* Bell, Bell (1993).

Giddens A., *Les conséquences de la modernité,* Paris, L'Harmattan, 1994.

Giddens A., *Modernity and Self-identity,* Cambridge, Polity Press, 1991.

Goffman E., « Les lieux de l'action », in *Les rites d'interaction,* Paris, Minuit, 1974.

Goguel d'Allondans T. (éd.), *Rites de passage : d'ailleurs, ici, pour ailleurs,* Ramonville - Saint-Agne, Érès, 1994.

Goguel d'Allondans T., *Rites de passage, rites d'initiation. Lectures d'Arnold Van Gennep,* Québec, Presses de l'Université, Laval, 2002.

Green J., « Risk and the construction of social identity : Children's talk about accidents », *Sociology of Health and Illness,* n° 4, vol. 19, 1997.

Griffet J., *Aventures marines. Images et pratiques,* Paris, L'Harmattan, 1995.

Gross A. C., *Endurance. The Events, the Athletes, the Attitude,* New York, Dodd, Mead & Company, 1986.

Hall S., Jefferson T., *Resistance through Rituals. Youth Subcultures in Postwar Britain,* London, Hutchinson, 1983.

Haim A., *Les suicides d'adolescents,* Paris, Payot, 1969.

Hayes M. V., « On the epistemology of risk : Language, logic, and social science », *Social Science and Medicine,* vol. 35, n° 4, 1992.

Heimer C. A., « Social structure, psychology, and the estimation of risk », *Annual Review of Sociology,* n° 14, 1988.

Holyfield L., « Manufacturing adventure. The buying and selling of adventure », *Journal of Contemporary Ethnography,* vol. 28, n° 1, 1999.

Huizinga J., *Homo ludens,* Paris, Gallimard, 1951.

Hunt J., « Divers' account of normal risk », *Symbolic Interaction,* vol. 18, n° 4, 1995.

Imbert G., « À contresens ou les chemins détournés de la violence », *Cahiers de l'Institut français de Madrid,* n° 5, 1993.

Iso-Ahola S., D. La Verde, A. R. Graefe, « Perceived competence as a mediator of the relationship between high risk sports participation and self-esteem », *Journal of Leisure Research,* n° 21, 1988.

Jankélévitch V., *L'aventure, l'ennui, le sérieux,* Paris, Aubier, 1963.

Jeffrey D., *Jouissance du sacré. Religion et postmodernité,* Paris, Armand Colin, 1998.

Jeffrey D., *Rompre avec la vengeance. Lecture de René Girard,* Québec, Presses de l'Université Laval, 2000.

Jeffrey D., *Approche symbolique de la mort et ritualité, in* T. Goguel d'Allondans, 1994.

Jeudy H.-P., *Le désir de catastrophe,* Paris, Aubier, 1990.

Jeudy H.-P., *Parodies de l'autodestruction,* Paris, Méridiens-Klincksieck, 1985.

Katz J., *Seductions of Crime. Moral and Sensual Attractions in Doing Evil,* New York, Basic Books, 1988.

Klausner S. Z. (ed.), *Why man takes Chances. Studies in Stress-seeking,* Garden City, Doubleday Anchor, 1968.

Knowles E. S., Cutter S. G., Walsch D. H., Casey N., « Risk-taking as a personality trait », *Social Behavior and Personality,* n° 1, 1973, p. 123-136.

Kogan N., Wallach M. A., *Risk-taking. A Study in Cognition and Personality,* New York, Holt Rinehart & Winston, 1964.

Kogan N., Wallach M. A., « Risk taking as a function of the situation, the person, the group », in *New Directions in Psychology III,* New York, Holt Rinehart & Winston Inc., 1967.

Laberge S., Albert M., *Sports à risque, rapports à la mort et culture postmoderne, in* E. Volant, J. Levy, D. Jeffrey (1996).

Lagadec P., *La civilisation du risque,* Paris, Seuil, 1981.

Lagrange H., *Les adolescents, le sexe et l'amour,* Paris, Syros, 1999.

Langer E. J., « The illusion of control », *Journal of Personality and Social Psychology,* vol. 32, n° 2, 1975.

*L'année sociologique,* vol. 46, n° 2, 1996.

Lasch S., Urry J., *Economies of Signs and Space,* London, Sage, 1994.

Le Breton D., *Passions du risque* (1991), Paris, Métailié, 2000.

Le Breton D., *Anthropologie du corps et modernité,* Paris, PUF, 1990 (4e éd., 2001).

Le Breton D., *Anthropologie de la douleur,* Paris, Métailié, 1995.

Le Breton D., *La sociologie du risque,* Paris, PUF, « Que sais-je ? », 1995.

Le Breton D., « Playing symbolically with death in extreme sports », *Body and Society,* VI, 1, 2000.

Le Breton D. (éd.), *L'adolescence à risque. Corps-à-corps avec le monde,* Paris, Autrement, 2002.

Le Breton D. (éd.), *L'aventure ou la passion des détours,* Paris, Autrement, 1996.

Le Breton D., *Signes d'identité. Tatouages, piercings et autres marques corporelles,* Paris, Métailié, 2002.

Lepoutre D., *Cœur de banlieue. Codes, rites et langages,* Paris, Jacob, 1996.

Le Scanff C., *Les aventuriers de l'extrême,* Paris, Calmann-Lévy, 2000.
Lins D., *Ayrton Senna : la faiblesse des forts,* Paris, L'Harmattan, 2002.
Luhmann N., *Risk : A Sociological Theory,* New York, De Gruyter, 1993.
Lupton D., *Risk,* London, Routledge, 1999.
Lyng S., « Edgework : A social psychological analysis of volontary risk taking », *American Journal of Sociology,* vol. 95, n° 4, 1990.
Lyng S., *Dysfonctional Risk Taking, in* N. J. Bell, R. W. Bell, 1993.
Macleod S., *Anorexique,* Paris, Aubier, 1982.
Marcelli D., Braconnier A., *Adolescence et psychopathologie,* Paris, Masson, 1995.
Menninger K., *The Ritual Balance. The Life Process in Mental Health and Illness,* New York, Viking, 1963.
Menninger K., *Man against himself,* New York, Harcourt, Brace, 1938.
Michel F., *Désirs d'ailleurs,* Paris, Armand Colin, 2000.
Mitchell R. G. Jr, *Mountain Experience. The Psychology and Sociology of Adventure,* Chicago, University of Chicago Press, 1983.
Olinda-Weber S., *La diagonale du suicidaire. Jeux de mort en fin d'adolescence,* Paris, L'Harmattan, 1991.
Palmer S., « High social integration as a source of deviance », *The British Journal of Sociology,* vol. XXIV, 1973.
Peretti-Watel P., *Sociologie du risque,* Paris, Armand Colin, 2000.
Peretti-Watel P., *La société du risque,* Paris, La Découverte, 2001.
Plant M., Plant M., *Risk takers : Alcohol, drugs, sex and youth,* London, Routledge, 1993.
Pociello C., Denis D., *À l'école de l'aventure. Pratiques sportives de plein air et idéologie de la conquête du monde, 1890-1940,* Voiron, Presses Universitaires du Sport, 2000.
Pollak M., *Les homosexuels et le sida. Sociologie d'une épidémie,* Paris, Métailié, 1988.
Pommereau X., *Quand l'adolescent va mal,* Paris, J.-C. Lattès, 1997.
Pommereau X., *L'adolescent suicidaire,* Paris, Dunod, 1996.
*Prévenir,* « Adolescence, santé et société », n° 23, 1992.
*Prévenir,* « Risques », n° 24, 1993.
Raimbault G., Eliacheff C., *Les indomptables. Figures de l'anorexie,* Paris, Seuil, 1989.

Raithel J. (ed.), *Risikoverhaltensweisen Jugendlicher. Formen, Erklärungen und Prävention,* Opladen, Leske-Budrich, 2001.

Raveneau G., « Radiographie d'une expédition himalayenne », *Ethnologie française,* XXIV, n° 4, 1994.

Reverzy C., *Femmes d'aventure. Du rêve à la réalisation de soi,* Paris, Jacob, 2001.

Selye H., *Le stress de la vie. Le problème de l'adaptation,* Paris, Gallimard, 1975.

Sheriff T., *Le trip de la rue. Parcours initiatique des jeunes de la rue,* Centre Jeunesse de Québec, 1999.

Short J. F. Jr, « The social fabric at risk : Toward the social transformation of risk analysis », *American Sociological Review,* vol. 49, 1984.

Simmel G., « L'aventure », *Philosophie de la modernité,* Paris, Payot, 1989.

Slovic P., « Perception of risk », *Science,* n° 236, 1987.

*Sociétés,* « L'aventure », n° 34, 1991.

Sparks R., « Masculinity and heroism in the Hollywood "Blockbuster" », *British Journal of Criminology,* vol. 36, n° 3, 1996.

Trasher F. M., *The Gang,* Chicago, University of Chicago, 1963.

Tursz A., Souleyrand Y., Salmi R., *Adolescence et risque,* Paris, Syros, 1993.

Urbain J.-D., *L'idiot du voyage. Histoires de touristes,* Paris, Payot, 1993.

Volant E., Levy J., Jeffrey D. (eds), *Les risques et la mort,* Montréal, Méridien, 1998.

Wildavsky A., Dake K., « Theories of risk perception : Who fears what and why ? », *Daedalus,* vol. 119, 1990.

Wieworka M. *et al., La violence en France,* Paris, Seuil, 1998.

Wust P., *Incertitude et risque,* Neuchâtel, La Baconnière, 1957.

Zonabend F., *La presqu'île au nucléaire,* Paris, O. Jacob, 1989.

Zuckerman M., *Sensation Seeking. Beyond the Optimal Level of Arousal,* Hillsdale, Lawrence Erlbaum, 1979.

Composé par l'imprimerie des Presses Universitaires de France (41100 Vendôme)
Achevé d'imprimer en France en novembre 2007
par Normandie Roto Impression s.a.s., 61250 Lonrai
N° d'imprimeur : 07-3052 — Dépôt légal : novembre 2007